Sandrine Couprie

*Médecins de l'Impossible*

# S.O.S. Guatemala

HACHETTE
*Jeunesse*

## SÉRIE *MÉDECINS DE L'IMPOSSIBLE* DANS LA BIBLIOTHÈQUE VERTE

Zone interdite en Bosnie
Clandestins chez les Touaregs
S.O.S. Guatemala
Eaux troubles à Bangkok
Piège mortel au Viêt-nam
Coup de théâtre en Afrique du Sud
Panique au Rwanda
Terrain miné au Cambodge
Magie noire au Bénin
Coup de bambou à Sumatra


Hachette Livre, 43, quai de Grenelle, 75015 Paris.

# Préface

*Il n'est plus possible de l'ignorer. Le malheur — famine, guerre, épidémie — fait chaque jour des milliers de victimes innocentes. Leur seul tort : être nées dans des contrées moins favorisées que la nôtre, à seulement quelques heures d'avion. Cette injustice du lieu de naissance, je la connais bien pour l'avoir combattue depuis plus de vingt ans, d'abord à Médecins Sans Frontières, puis à Médecins du Monde. Parmi les premiers, j'ai accepté de partir bénévolement, renonçant à mes vacances, pour aller soulager ceux qui souffrent : enfants, adultes, vieillards... Ceux que l'on appelle désormais les « French doctors » sont des milliers à parcourir la planète en tout sens pour porter secours à ceux qui ont faim, qui ont mal, et dont la vie est en danger. Médecins, infirmiers, logisticiens ou reporters, ils partent pour soigner, mais aussi pour dénoncer l'inacceptable. Dans les médias, ils incarnent les aventuriers d'aujourd'hui.*

*Ludovic et Prune, les héros de la série « Médecins de l'Impossible », sont à l'image de ces femmes et de ces hommes, souvent jeunes, qui acceptent de quitter leur confort, leur famille, leurs amis, leur métier... pour un mois, deux mois ou parfois plus. Leur vie et leur caractère ont été construits à partir de personnages réels. Car les deux auteurs, Pascal Deloche et Philippe Granjon, connaissent bien le milieu humanitaire. Reporters, travaillant bénévolement pour le magazine de Médecins du Monde, ils nous ont suivis sur la plupart de nos missions, pour témoigner de nos actions et du malheur qui frappe aux quatre coins du monde. A la fois journalistes et humanitaires, ils étaient les mieux placés pour entreprendre « Médecins de l'Impossible ». Chaque roman se nourrit d'une réalité qu'ils ont côtoyée.*

*De la jungle du Guatemala au désert touareg, des bas-fonds de Bangkok aux zones de combat en Bosnie, « Médecins de l'Impossible » va vous faire voyager, découvrir d'autres peuples, comprendre d'autres cultures, mais aussi prendre conscience de nombreuses injustices...*

*Peut-être même cette série suscitera-t-elle des vocations chez certains d'entre vous qui viendront, dans quelques années, prendre le relais des « French doctors » d'aujourd'hui.*

*Bonne lecture !*

Professeur Alain Deloche
Chirurgien cardio-vasculaire
Président d'honneur
de Médecins du Monde

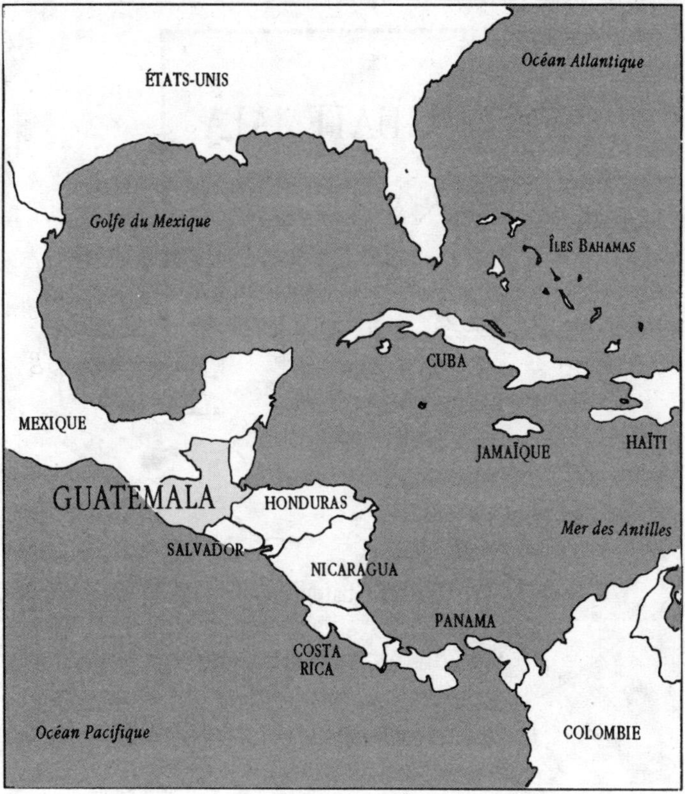


# GUATEMALA

POUR MIEUX SUIVRE LUDO ET PRUNE...

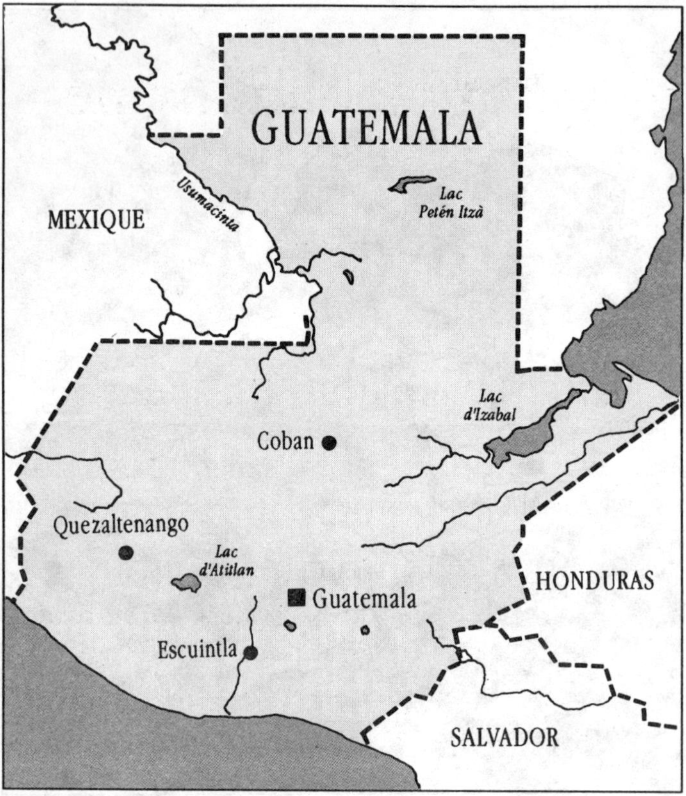


# GUATEMALA

... POUR MIEUX SUIVRE LUDO ET PRUNE

1

# Un appel anonyme

« Un peu d'attention, s'il vous plaît ! »

Assis à un bout de la grande table ovale, Jean-Paul Davranche, le président de l'association humanitaire Urgence Médicale Internationale, tentait désespérément de se faire entendre.

« Allons, du calme ! Vous êtes pires que des étudiants de première année ! Je vous rappelle que l'ordre du jour est chargé... »

Au milieu du brouhaha, une seule personne se taisait, un très jeune homme au regard vert et à la mine rêveuse. Non par timidité, car Ludo se sentait à l'aise au milieu de ces médecins et infirmiers, tous bénévoles comme lui, qu'il connaissait bien. Mais, à l'air préoccupé du président, il devinait qu'une nouvelle importante allait être révélée.

Quand il n'était pas sur le terrain, Ludovic Delcours ne ratait pour rien au monde un comité des missions. Ce rituel du jeudi soir, c'était l'épine dorsale de l'association humanitaire. Combien de départs en catastrophe s'y étaient décidés... Combien de débats passionnés, de comptes rendus houleux ou euphoriques s'y étaient déroulés ! Souvent, les réunions se prolongeaient bien après le dernier métro.

« Commençons par un rapide topo sur la mission Liberia, annonça Jean-Paul Davranche. Le premier convoi de vivres et de médicaments est arrivé hier, aux alentours de quinze heures, sans problème majeur... »

Tout en écoutant l'exposé d'une oreille distraite, Ludovic leva les yeux vers le planisphère affiché au mur. Une épingle surmontée d'un drapeau signalait chaque mission de l'UMI, passée ou présente. Après cinq ans d'action, la bannière de l'association flottait sur tous les continents. Ludo ne pouvait s'empêcher de comparer la carte à un patient lors d'une séance d'acupuncture. Certaines de ces aiguilles, d'ailleurs, il était fier de les avoir plantées lui-même. Au Mali, notamment, où il avait vécu aux côtés des Touaregs une expérience hallucinante, qu'il n'oublierait pas de sitôt.

« ... fréquent en zone tropicale. On ne te dérange pas trop, Ludo ? »

Le ton moqueur de Jean-Paul Davranche arracha brusquement le jeune homme à ses souvenirs.

« Pardon ? »

Le président apostropha le voisin du jeune étourdi, un petit homme jovial au teint coloré.

« Tonio, ranime-moi ce gaillard. Il m'a l'air d'être dans un coma profond.

— Le "patron" parlait du choléra, mon vieux, expliqua obligeamment l'anesthésiste. Il y aurait un début d'épidémie au Guatemala. »

Ludo plissa le front. Récemment, il avait lu quelques articles sur le choléra dans une revue médicale. La maladie faisait des ravages au Pérou et en Bolivie. L'Amérique centrale serait-elle donc touchée à son tour ?

« Prune connaît le coin, dit-il pensivement. Elle pourra nous donner des tuyaux. »

Un petit ricanement lui répondit.

« Elle doit être télépathe, alors ! Il ne me semble pas l'apercevoir parmi nous, la photographe du siècle... »

Satisfaite de sa sortie, Carole Lartigny secoua sa belle crinière blonde en observant Ludo du coin de l'œil. Peine perdue : le jeune homme resta de marbre, tandis que le président la toisait sans aménité.

« Prune doit arriver d'un instant à l'autre,

observa-t-il sèchement. Elle m'a prévenu qu'elle aurait un léger retard. »

Ludo et Tonio échangèrent un regard entendu. Léger retard ? Voilà qui témoignait d'un bel optimisme. A cette heure, leur amie devait retourner sa chambre de fond en comble pour retrouver sa carte orange égarée sous son oreiller, ou bien son écharpe sadiquement dissimulée dans son tiroir à pellicules.

« Reprenons, commanda Jean-Paul d'un ton autoritaire. J'ai été averti de l'épidémie par un coup de téléphone anonyme. Mon correspondant n'a pas voulu, ou pas pu, se présenter. En tout cas, les symptômes qu'il m'a décrits sont caractéristiques du choléra : forte diarrhée, vomissements, fatigue extrême. Plusieurs cas se seraient déclarés ces derniers jours.

— Attends ! l'interrompit Ludo. Tu dis que ça se passe au Guatemala. Mais où, précisément ?

— Mon interlocuteur n'a pas eu le temps de préciser. Il s'agirait du Nord-Ouest du pays, à proximité de la frontière mexicaine, en pleine jungle. Pas loin de Playa Grande, si cela vous dit quelque chose. Une région très humide... et insalubre, ce qui multiplie les risques d'épidémie. Mais j'ignore le nom du ou des villages concernés.

— Salut la compagnie ! »

Toutes les têtes se tournèrent vers la porte.

Apercevant Prune, Ludovic manqua s'étouffer de rire. Les mèches en bataille comme si elle réchappait d'un ouragan, le col de son imper mi-sorti mi-rentré, Prune arrivait, on peut le dire, en catastrophe. Ce qui, observa Ludo à part lui, ne lui allait pas mal du tout. Prune-le-typhon ne rayonnait jamais tant que dans l'urgence...

Avisant une chaise libre à côté de Ludo, la nouvelle venue s'y laissa choir en soupirant.

« Bonsoir, beau gosse ! dit-elle en posant un baiser sur la joue de Ludo. J'étais en train de légender mes photos du Mali, je n'ai pas vu le temps passer. Alors, quoi de neuf ? »

Le jeune homme lui résuma rapidement le début de la séance, puis tous deux écoutèrent avec attention les débats fort animés qui s'étaient engagés autour de Jean-Paul Davranche. L'assemblée, évidemment, était divisée. Fallait-il dépêcher une mission en urgence ? Ne devait-on pas se méfier de cet informateur pour le moins mystérieux ?

Ludo, quant à lui, penchait pour une intervention, et il exposa ses arguments à Prune. Mais il prêchait une convertie : pour Prune, il n'y avait même pas à hésiter. Choléra ou pas, la mission valait la peine d'être lancée. Ne serait-ce que pour alerter l'opinion sur la condition des Indiens, véritables parias du Guatemala. Prune caressait depuis des mois le rêve de ce reportage...

« Jean-Paul, intervint Ludo, l'affaire n'est pas claire, nous sommes d'accord. Mais reconnais que ce n'est pas la première fois. On est souvent partis en mission exploratoire sans avoir tous les éléments en main. C'est d'ailleurs à cela qu'on sert ! Quand tout est officiel, personne n'a plus besoin de nous, en fait...

— Il y a quand même des limites ! riposta un des médecins présents.

— On est justement là pour les repousser ! » rétorqua Prune.

Carole Lartigny se tourna vers elle avec un sourire condescendant.

« Tu sembles confondre urgence et précipitation...

— Et toi, tu mélanges réflexion et tergiversation, comme d'habitude ! » lui assena la pétillante brunette en haussant les épaules..

« Ecervelé », « Inconscience », « Amateurisme », « Frilosité »... Les commentaires fusaient, et la température montait dans la salle. A chaque nouvelle attaque, Ludo se préparait à venir en renfort. Mais Prune rebondissait, infatigable. De sa voix fluette, elle tenait tête avec aplomb aux ténors de l'UMI.

Plutôt que de se joindre au concert, le jeune pédiatre se tourna vers le président. Après tout, c'était bien lui qui emporterait la décision, au bout du compte.

« Quel risque prenons-nous, au juste ? dit-il

calmement. Celui de nous déplacer pour rien. Mais de toute façon, une évaluation des problèmes médicaux des Indiens ne sera pas inutile. En revanche, si nous ne bougeons pas et que l'OMS vienne à confirmer l'épidémie dans une semaine avec des dizaines de morts, nous ne nous le pardonnerons pas. »

Toutes les têtes s'étaient tournées vers lui. Avant que Davranche ait pu protester, il poursuivit :

« Voilà ce que je propose. Envoyez-nous, Prune et moi, en reconnaissance. Nous sommes disponibles, nous pouvons prendre le premier avion. Prune parle parfaitement l'espagnol. Moi, avec ma formation de pédiatre, je sais diagnostiquer et soigner le choléra. De plus, j'ai fait mes premières armes sur cette maladie il y a six mois, au Burkina Faso... »

Un peu groggy après l'échauffourée verbale, Prune retenait son souffle. Si Jean-Paul n'était pas convaincu maintenant, les timorés auraient gagné la partie.

Le président contempla l'assemblée d'un air songeur. Dans la grande salle de réunion, le silence était revenu, et tous, médecins et infirmiers, attendaient à présent le verdict.

« Ludo a raison, dans un sens, dit-il enfin en hochant lentement la tête. Ignorer cet appel serait une faute. Et puis, une forte diarrhée, suivie de vomissements, qui tue en quelques heures, c'est presque toujours le choléra... Puisque vous êtes disponibles, tous les deux, vous partirez demain matin à la première heure. Destination Playa Grande. Là-bas, on pourra sûrement vous renseigner... Notre logisticien va tout de suite préparer les médicaments nécessaires. »

L'avionnette rouge et blanche volait au ras des cimes. Vue d'en haut, la jungle formait une masse verte compacte, impénétrable. Assourdis par le ronflement de l'hélice, écœurés par les relents de gasoil, Prune et Ludo ne risquaient guère de confondre leur expédition avec une promenade de santé. Ils avaient beau s'agripper aux malles métalliques qui leur servaient de sièges, ils se cognaient aux parois de la carlingue à chaque trou d'air.

« Aïe ! gémit Prune en se frottant la tête. Le moins qu'on puisse dire, c'est que ce type n'est pas un as du volant !

— Du manche à balai, plutôt », rectifia Ludo.

L'homme avait la peau mate et les cheveux noirs des Guatémaltèques. Avec ses manières joviales et son sourire franc, il leur avait tout de suite inspiré confiance quand, à Coban, il leur avait proposé de les emmener jusqu'à Playa

Grande. Une aubaine ! Ils évitaient ainsi huit heures de piste défoncée.

« Ne nous plaignons pas, fit Ludo, philosophe. Au moins, on est assis. Ça nous change ! »

Les dernières vingt-quatre heures avaient été épiques. Arrivés la veille à Guatemala Ciudad, la capitale, ils avaient mis deux heures à trouver un bus pour Coban – ou, plus exactement, un vague amas de ferraille qui, miraculeusement, avançait à peu près tout seul. Et ils n'étaient pas au bout de leurs peines ! Le voyage avait été éreintant : cinq heures pour parcourir deux cents malheureux kilomètres, dans un véhicule poussif, aux amortisseurs défoncés. Ils se demandaient encore comment ils n'avaient pas suffoqué, pressés et piétinés par les dizaines de voyageurs entassés autour d'eux. Il faisait bien 45° dans cette étuve ! Et pas moyen de dégager un bras pour s'éponger le front... Sur la galerie du toit, des gamins s'étaient installés au milieu des bagages. Prune les aurait volontiers imités, si Ludo ne s'y était fermement opposé.

« Quelle galère ! soupira la jeune fille.Ça m'a rappelé notre expédition au fin fond du Cambodge, pas toi ?

– Mmmh, oui, en encore plus folklo. Ça t'a plu de servir de perchoir ? »

A ce souvenir, ils éclatèrent de rire. Pendant

la moitié du trajet, deux poules avaient élu domicile sur les épaules de Prune.

« Quand je pense qu'il y avait même une chèvre... Une vraie ménagerie.

— Sans compter les puces, ajouta Ludo.

— Arrête, ça me gratte encore.

— Heureusement, super Ludo pense à tout. Y compris au spray contre les piqûres d'insectes. Ces pauvres gens, la tête qu'ils ont faite quand on s'est aspergés à la descente du bus...

— Et quand on a sorti tout notre barda ! » renchérit Prune.

Ludovic fit un clin d'œil malicieux.

« A mon avis, ils se sont imaginé que ces deux énormes malles contenaient ta garde-robe.

— Tu parles ! protesta la jeune fille. Moi, avec un jean et trois tee-shirts, je ferais le tour du monde.

— Un jean, trois tee-shirts... et deux appareils-photo ; et des téléobjectifs ; et des grands angles ; et un flash ; et...

— Et alors ? l'interrompit Prune, un rien vexée. Ce sont mes outils de travail. Je te signale que ta provision de médicaments est largement plus encombrante.

— Oui, mais l'avantage, c'est qu'au retour je ne les remporte pas avec moi. »

Le moteur unique de l'appareil se mit à

toussoter de façon très désagréable. Balayé par des rafales de vent, le frêle coucou menaçait à tout instant de piquer du nez dans la jungle.

« Dites, *señor*, on atterrit bientôt ? s'enquit Prune.

— Plou qué diez minoutes, *señorita*. Si vous régardez par lé houblot, vous apercévrez lé rio Icbolay. Bientôt, nous allons sourvoler lé lac Lachua. Playa Grande sé sitoue oun po plous loin.

— Si vous le dites, fit Ludo, sceptique. Moi, à part la jungle, je ne vois pas grand-chose. »

Du vert, du vert et encore du vert ! A perte de vue, l'océan végétal moutonnait en vagues régulières. D'ici, la forêt semblait paisible, silencieuse. Pourtant, sous cette carapace trompeuse, la vie grouillait. Ludo se souvint de la grande claque qu'il avait prise, la première fois qu'il avait pénétré cet univers confiné, au Brésil. Claustrophobes, s'abstenir ! D'abord, il avait été frappé par l'obscurité. Mais peu à peu, son malaise s'était dissipé, pour céder la place à l'émerveillement. Des insectes gigantesques, des oiseaux aux couleurs hallucinantes, des singes hurleurs qui s'époumonaient... Quel vacarme ! A côté, un concert de rock ressemblait à une berceuse pour nouveau-nés.

A force de scruter cette moquette de verdure, il distingua un sillon brun, qui ondulait comme un boa géant. Le rio Icbolay, sans doute. Ses eaux devaient être bien boueuses, pour prendre cet aspect marronnasse !

« On dirait que la région n'est pas habitée, lança-t-il négligemment.

— Oh si ! lui cria le pilote. Il y a des Indiens partout ! Mais on né sait jamais où ils sé cachent. Ces sauvages déplacent sans cesse leurs campements.

— Eh bien dites donc, remarqua Prune, vous n'avez pas l'air de les porter dans votre cœur. »

L'homme renifla bruyamment et cracha par terre.

« Des bons à rien, qui vivent comme des bêtes ! La honte dé notre pays !

— Comme vous y allez ! S'ils se sont retirés dans la forêt, c'est parce que vous les avez chassés de leurs terres, si je me souviens bien... Et on ne peut pas dire que votre gouvernement se décarcasse beaucoup pour les aider. »

Ludo hocha la tête : Prune ne mâchait pas ses mots mais, au fond, elle n'avait pas tort. Les Indiens du Guatemala, malgré leur supériorité numérique, étaient scandaleusement exploités par leurs concitoyens d'origine espagnole, descendants des colons. Tout juste bons à trimer dans les plantations de café ou de canne à sucre, les Indiens vivaient dans le dénuement le plus total.

« Mais vous, *señor*, demanda-t-il, vous n'avez pas de sang indien ? »

Le pilote cogna furieusement du poing contre le tableau de bord. Ludovic ne s'en étonna pas outre mesure : avec sa question faussement naïve, il avait visé en plein dans le mille.

« Madre de dios ! gronda l'homme. Qu'est-ce qué tou mé chantes là ? Yé souis un ladino, moi, pas un Indien ! Mes ancêtres étaient européens, comme toi. »

Les deux amis échangèrent un regard complice. Ils savaient bien ce qu'étaient vraiment les ladinos : des métis, issus du mélange des populations indigènes et des colons espagnols. Mais qui reniaient farouchement leurs origines indiennes.

« Et pouis, continua l'homme, ils protègent les guérilleros. Dé rédoutables hors-la-loi, armés jousqu'aux dents, qui cherchent à prendre lé pouvoir par la violence. Mais l'armée veille ! D'ailleurs, vous n'aurez qu'à questionner les militaires établis à Playa Grande.

— Ben voyons..., marmonna Prune. Ces messieurs ont sûrement des consignes de silence. L'armée est à la solde des riches et des puissants. Ma mère a eu les pires problèmes avec eux, quand nous vivions à Guate.

— Guate ? répéta Ludovic en haussant les sourcils.

— Guatemala Ciudad. On dit couramment Guate, c'est plus court. »

Prune avait dix ans quand Mme Loiret, océanographe de profession, avait été envoyée en mission au Guatemala. Après le divorce de ses parents, elle avait été confiée à sa mère. Elle ne le regrettait pas ! Grâce à cela, elle avait passé son enfance à voyager, au gré des affectations de la jeune femme.

« J'ai fait ma sixième à l'école française de Guate. Ma meilleure copine s'appelait Amelia. Je me demande ce qu'elle est devenue...

— Mignonne ? » s'enquit Ludo.

Loin d'être un coureur de jupons bien qu'il eût un franc succès auprès des filles, Ludo adorait exciter la jalousie de Prune. D'autant que le stratagème fonctionnait à tous les coups.

Prune lui décocha un regard assassin.

« Bas les pattes, don juan ! Amelia est une jeune fille de la meilleure société guatémaltèque. Je ne pense pas que son père l'autoriserait à fréquenter des voyous de ton espèce ! »

Le jeune homme haussa les épaules et colla son nez à la vitre. Le spectacle somptueux qu'il découvrit alors en bas lui coupa le souffle : une immense tache turquoise s'épanouissait à présent dans l'écrin sombre de la forêt.

« Su-blime ! s'écria-t-il. Prune, viens voir !

— Le lac Lachua, annonça le pilote.

— Jolie piscine ! acquiesça Prune. Je piquerais bien une tête dedans !

— Pour photographier les crocodiles sous l'eau ? Merci bien, je ne tiens pas à te retrouver en petits morceaux.

— Aucun problème : je voyage avec mon médecin personnel...

— Ne compte pas sur moi pour te recoudre les orteils ! Nous avons une mission à remplir, au cas où tu l'aurais oublié. Et pas des plus faciles. »

Il redevint grave, soudain.

« Pour commencer, il va falloir localiser le foyer de l'épidémie. Peut-être que si tu fais du charme aux militaires...

— Tu me surestimes », répondit Prune, pensive.

Elle ne se trompait pas tout à fait.

## 2
# Qui parle de choléra ?

L'avion heurta le sol brutalement et continua de tressauter quelques dizaines de secondes sur une piste sommairement recouverte de pierres. Cramponnée à Ludo, Prune tentait de garder son équilibre.

Par le hublot, ils distinguaient à présent des baraquements sommaires, aux toits de tôle ondulée. Chacun était gardé par des hommes en armes, en tenue kaki. D'autres silhouettes, vêtues du même uniforme, s'agitaient au bout de la piste, à côté d'un hangar où flottait le drapeau bleu et blanc du pays.

« C'est lé sol terrain d'aviation dé la région, expliqua le pilote en coupant le moteur de l'appareil. Vous pouvez descendre, *amigos* ! »

Ludo déplia ses longues jambes et, le premier, sauta à terre. Pour détendre ses membres fourbus, il fit quelques pas autour de l'avion.

« Tu viens, Prune ? »

Courbée en deux, la jeune fille paraissait absorbée dans une tâche minutieuse. Ludo regarda par la portière, intrigué. Il aurait dû s'en douter : à l'abri des regards indiscrets, elle chargeait son appareil-photo.

« Oh ! là ! là ! maugréa-t-elle. Quelle humidité !

— Tu ne vas pas commencer à faire ta chochote ! Moi aussi, mon tee-shirt est déjà trempé...

— Je ne disais pas ça pour moi, riposta-t-elle avec agacement. C'est pour mon matériel que je suis ennuyée. Mon objectif est déjà couvert de buée.

— Mmmh... Ça m'a joué des tours en Amazonie, je me souviens. J'avais laissé une ceinture en cuir à l'air libre, pendant toute une nuit. Le lendemain matin, elle était verte de mousse !

— En attendant, moi, je suis verte de rage. Cet appareil vaut une petite fortune. Pourvu qu'il fonctionne encore... »

Passant la lanière de l'appareil autour de son cou, Prune colla son œil au viseur. Le déclic caractéristique du déclencheur la rassura.

« Ouf, ça a l'air de marcher, soupira-t-elle.
— Tant mieux, fit Ludo. Maintenant, si tu daignes descendre... »

Galamment, il lui tendit la main pour l'aider à sauter à terre. Autour d'eux s'étendait une clairière grossièrement défrichée. Comme si la jungle tentait inlassablement de reconquérir l'espace dérobé par l'homme.

« *No fotografias ! Prohibido !* »

Le ton sans appel fit sursauter Prune. Se retournant, elle vit deux canons pointés sur elle et resta paralysée. Qui avait parlé de faire du charme aux militaires ?

Ludo haussa les sourcils. Bigre ! ces hommes ne plaisantaient pas... Trapus, musclés par un entraînement intensif, ils arboraient la casquette à visière et la vareuse kaki communes à tous les militaires d'Amérique latine. Des pantalons en toile épaisse rentrés dans de lourdes bottes de jungle complétaient leur panoplie de combat.

Quant à leur armement, il était impressionnant. Outre le fusil Galil, de fabrication israélienne, Ludo reconnut les poignards de l'armée américaine, suspendus le long de leurs cuisses. Deux des soldats tenaient à la main une machette. Bref, mieux valait filer doux.

« Allons, messieurs, s'interposa Ludo avec un sourire conciliant. Baissez vos armes, je vous en prie. Nous sommes ici en amis et... »

Un troisième gaillard, légèrement bedonnant, vint se poster entre ses deux camarades. Sa chemise, ouverte sur un poitrail velu, s'ornait de larges auréoles de sueur sous les aisselles. Avec ses longs favoris et sa barbe de trois jours, il n'était pas franchement avenant. Du revers de la manche, il moucha vigoureusement son nez.

« *No fotografias!* aboya-t-il de nouveau. Ici, zone militaire ! »

Avançant la main, il agrippa la lanière de l'appareil-photo. Prune aussitôt se débattit, comme une mère à qui on tente d'arracher ses petits.

« Pas touche ! Je ne vous permets pas de... »

L'homme fit un signe de tête aux deux soldats.

« Diego, Miguel... »

Aussitôt, les deux interpellés relevèrent la pointe de leur fusil et la collèrent sous le menton de la jeune fille. Ce contact métallique et glacé la calma immédiatement.

Voyant que ses propos conciliants avaient fait chou blanc, Ludo se montra plus ferme.

« Cette mascarade a assez duré. Où est votre chef ? »

Un homme se détacha du groupe. Un officier, à en croire ses épaules garnies de galons. Un peu plus âgé et plus grand que les autres, il avait le visage grêlé de petits cratères. Des cicatrices de petite vérole, diagnostiqua immédiatement Ludo.

« Je me présente. Lieutenant Rodrigo, dit-il en espagnol. Soyez les bienvenus au camp de Playa Grande. »

D'un claquement de doigts, il intima aux deux soldats de reposer leurs armes, au grand soulagement de Prune.

« Mes hommes ne font qu'exécuter les consignes, expliqua-t-il d'un ton aimable. Veuillez les excuser pour cet accueil un peu brusque.

— C'est le moins qu'on puisse dire ! maugréa Prune.

— Toutefois, poursuivit l'homme, pour éviter d'autres désagréments, je vous conseillerais de ranger votre appareil-photo, mademoiselle. Puis-je vous inviter à boire un café chez moi ?

— Volontiers », dit Ludo.

Cet homme paraissait moins rustre que les autres. On pourrait peut-être discuter...

Une fois que les militaires eurent sorti les bagages de l'avionnette, le cortège s'ébranla, en silence. Prune, qui avait refusé de confier son sac-photo, peinait un peu sous la chaleur. Mais elle suivait vaillamment sans en rien laisser voir.

Le Q.G. du lieutenant Rodrigo était situé au centre du camp. Plus haute et plus vaste que les autres, la maison était aussi la seule construite en dur. Le soldat qui en gardait l'entrée s'effaça pour laisser passer l'officier et ses deux invités.

Avisant un ventilateur, Prune s'affala sur la chaise la plus proche. Ludo, lui, se hissa dans un hamac.

« Liqueur ? Cigare ? proposa l'officier.

— Simplement un café, répondirent en chœur Prune et Ludo.

— On va vous apporter ça. Maintenant, expliquez-moi, vous voulez bien ? J'ai été informé par radio de votre arrivée, mais j'en ignore le motif. Etes-vous journalistes ?

— Non, nous sommes en mission, envoyés par une association humanitaire française.

— Vraiment ? »

D'un bruit sec, le lieutenant décapita un gros cigare et le porta à sa bouche, découvrant une denture jaunie par le tabac.

« La population locale est en parfaite santé, reprit-il. Je ne comprends pas ce qui vous amène.

— Le choléra », dit simplement Ludo.

Rodrigo avala une lampée de guaro, l'eau-de-vie locale, et frappa son quart métallique contre la table de bois. Puis il se renversa en arrière, faisant grincer l'osier de son fauteuil, et partit d'un grand éclat de rire.

« Le choléra ? On vous a mal renseignés.

Voilà bien des années que le choléra ne sévit plus chez nous. D'où tenez-vous cette rumeur ? »

Ludovic hésita avant de répondre. L'UMI avait pour principe de ne jamais dévoiler ses sources. Mais, cette fois, il ne compromettrait personne... puisque l'informateur était resté anonyme !

« Nous avons reçu un coup de téléphone.

— Mais il n'y a pas de téléphone, par ici !

— On a dû appeler de la ville voisine.

— Qui ça ?

— Je préfère ne pas révéler son identité.

— C'est une plaisanterie ! s'esclaffa le militaire. Allons, ne me dites pas que vous avez traversé l'Atlantique à cause d'un coup de fil anonyme !

— Nous avons nos méthodes à nous, répliqua sèchement Ludo. Et tout nous laisse penser que notre homme disait vrai.

— Hmmm... Curieuses méthodes. Mais vous m'êtes sympathiques, tous les deux. J'ai envie de faire un geste pour vous. Voulez-vous visiter les villages des alentours ? Vous pourrez constater par vous-mêmes que les conditions de vie sont très satisfaisantes. »

Prune et Ludo se consultèrent du regard. Le lieutenant Rodrigo était devenu bien affable, soudain... Quoi qu'il en soit, ils n'avaient pas d'autre piste.

« C'est très aimable à vous, répondit Ludo. Pouvons-nous partir tout de suite ?

– Certainement. Holà, Manuel ! »

Le lieutenant frappa dans ses mains et un aide de camp apparut.

« Prépare la Jeep ; mes amis et moi sortons pour l'après-midi. »

Prune, Ludo et leur mentor venaient de quitter le troisième village quand deux hommes armés jaillirent des fourrés.

« Encore un contrôle ! s'impatienta Ludo. C'est le cinquième en deux heures ! »

Le lieutenant Rodriguo parlementa quelques instants avec les militaires puis salua et redémarra. La Jeep cabossée reprit sa course bringuebalante.

« Sécurité oblige, expliqua-t-il. Il paraît que les guérilleros préparent une action. Mais passons. Vous avez vu ces villageois. Ils sont en parfaite santé, n'est-ce pas ?

– On dirait, oui, acquiesça prudemment Ludo. Aucun ne présente les symptômes du choléra. J'ai même constaté qu'ils faisaient bouillir l'eau avant de la boire, ce qui est un excellent réflexe d'hygiène... »

Le dialogue avec les habitants, en revanche, s'était révélé difficile. Interrogés sur le choléra, les Indiens devenaient muets, quand ils ne décampaient pas purement et simplement.

« Nous sommes très vigilants, affirma le lieutenant avec fierté. Un médecin ladino passe chaque semaine ; il enseigne aux femmes les règles sanitaires essentielles, il soigne les malades, quand il y en a. Rien de très grave ! La fièvre, surtout. Généralement, un demi-comprimé d'aspirine suffit à la faire tomber. Normal, les Indiens ne sont pas habitués aux médicaments. Ils ne se soignent que par des herbes magiques... et des prières ! »

La piste caillouteuse s'enfonçait maintenant dans la jungle. Prune ne savait plus où donner du regard. Les arbres, immenses, se refermaient au-dessus de leurs têtes, comme un tunnel naturel. En sous-bois, des fougères de plus d'un mètre formaient des taches plus claires. Et ces lianes, arrimées aux troncs comme des cordages de bateau... Mais pas la moindre bestiole à photographier ! Les pétarades du moteur devaient les faire fuir.

« Stop ! Regardez ! » s'écria-t-elle soudain.

Sur le bas-côté, un gigantesque serpent semblait assoupi. Complaisant, Rodrigo arrêta le véhicule et la jeune fille sauta à terre.

« Ne t'approche quand même pas trop ! recommanda Ludo.

— Ne t'en fais pas, je vais y aller au zoom. »

Alors qu'elle s'avançait à pas mesurés, le

rire tonitruant de Rodrigo la fit bondir. « Quel idiot ! grogna-t-elle intérieurement ; il va faire déguerpir mon serpent ! » Mais curieusement, la forme ne bougeait pas...

« Ah, ces *gringos* ! Allez-y, *señorita* ! Vous pouvez même le piétiner, votre serpent. Il est tout à fait inoffensif... »

Intriguée, Prune se pencha pour observer ce curieux reptile. Soudain, elle comprit son erreur. « Bravo, ma vieille ! Tu vas avoir besoin de lunettes, si tu confonds une racine et un anaconda ! » Un peu confuse, elle remonta à bord de la Jeep, sous l'œil goguenard de Rodrigo.

Le véhicule reprit sa course cahoteuse. Quelques minutes plus tard, un animal, un vrai cette fois, traversa le chemin, presque sous leurs roues.

« Un singe ! » s'écria Prune, ravie.

Rapide comme l'éclair, elle eut le temps de prendre un cliché avant que l'agile primate ne disparaisse dans les frondaisons.

« Vous n'allez pas me dire que c'était un tronc d'arbre, je pense ?

— *Claro, claro.* Il s'agissait d'un atèle. On le surnomme singe-araignée, à cause de ses longs bras qui lui permettent de se déplacer très rapidement dans les branches des arbres. »

Silencieux, Ludovic se demandait pourquoi l'officier jouait si complaisamment ce rôle de guide pour touristes. On aurait juré que Rodrigo s'attardait exprès dans la jungle, comme s'il préférait répondre aux questions sur la faune, plutôt que de voir les deux jeunes gens discuter avec les indigènes. Dans les trois premiers villages, il ne les avait pas quittés d'une semelle. Dans le quatrième, il faudrait qu'ils se débrouillent pour le semer... A la première occasion, il en glisserait un mot à Prune.

Au bout d'une demi-heure, ils atteignirent enfin leur but. A l'entrée du village, la patrouille d'autodéfense civile leur fit signe de s'arrêter.

Le lieutenant Rodrigo leur adressa le salut réglementaire, tandis que Prune et Ludo arboraient leur plus beau sourire. Ces jeunes Indiens, enrôlés de force, étaient plus à plaindre qu'à blâmer. Ils croyaient protéger leurs familles en montant la garde ; en réalité, ils étaient manipulés par l'armée, qui espérait démanteler les réseaux de guérilla en montant les Indiens les uns contre les autres...

Rodrigo gara la Jeep quelques mètres plus loin, et ils gagnèrent à pied la place centrale, où régnait une agitation fiévreuse.

« Tiens, remarqua Prune, on dirait que c'est le jour du marché ! Seigneur, quel feu d'artifice ! »

Les jeunes gens se mêlèrent à la foule bigarrée, escortés par leur fidèle chaperon. Prune, qui raffolait des couleurs vives, ne savait plus où donner de la tête. Les costumes des femmes, en particulier, la ravissaient, notamment les *huilpiles*, ces corsages brodés où dominent le rouge et le fuchsia, et dont les motifs, fleurs, oiseaux, dessins géométriques, sont d'une variété incroyable. Seule tache sombre : la lourde natte noire qui leur fendait le dos.

« Atol ? *Señorita*, tu boire atol ? »

Assise sur une natte, au milieu d'un étal de fruits, une vieille Indienne tendait à Prune un gobelet de plastique, rempli d'un liquide blanchâtre. Son sourire édenté et son visage fripé émurent la jeune fille.

« Merci, dit-elle en acceptant le présent. Mais qu'est-ce que c'est ?

— Atol, répéta l'aïeule. *Bueno, bueno.* »

Saisissant un épi de maïs d'une main, une pierre de l'autre, elle fit mine de broyer les grains. Puis elle désigna une casserole d'eau et un bidon de lait et mima le geste de mélanger le tout.

« Compris ! » fit Prune en riant.

Elle avala une gorgée de la boisson tiède et pâteuse. Le goût n'était pas mauvais, mais elle avait déjà connu plus désaltérant.

Ludo, lui, observait les denrées. Oignons,

haricots rouges, pommes de terre constituaient l'essentiel des légumes ; des fruits aux formes étranges s'entassaient dans des paniers d'osier. La viande, en revanche, se faisait rare. Tout juste quelques volailles, que des femmes plumaient sur place, dans un bourdonnement de mouches. Mais le produit le mieux représenté restait le maïs, base de l'alimentation locale. Grâce à lui, les Indiens mangeaient presque toujours à leur faim ; mais sans laitage, ni viande, ni poisson, ils souffraient de graves carences en protéines. D'où ces ventres ballonnés, ces teints jaunâtres qu'il remarquait chez certains enfants.

Un petit homme coiffé d'un chapeau de paille l'apostropha vivement.

« *Hola, canche !* Qui es-tu ? Un prêtre ? »

*Canche*, visage pâle... Ludo se serait bien passé de ce qualificatif. Mais, avec sa grande taille, ses cheveux presque blonds et ses yeux verts, difficile de se faire passer pour un Guatémaltèque ! Et puisque cet homme semblait disposé à parler, il pourrait peut-être lui soutirer quelques informations.

« Je ne suis pas prêtre, je suis médecin. J'enquête sur le choléra. Sauriez-vous si des cas ont été observés dans le village ? »

L'homme au chapeau se gratta le menton. Ludovic eut la nette impression qu'il voulait parler, mais qu'il n'osait pas. Les regards furtifs qu'il lançait en direction de l'uniforme de Rodrigo ne firent que confirmer ses soupçons.

« Le choléra, répéta Ludo. Vous me comprenez ? Le malade est très fatigué, il réclame sans cesse à boire, il a mal au ventre et il vomit. Connaissez-vous des gens dans ce cas ? »

L'Indien se mit à secouer vigoureusement la tête.

« *No... No, no...* Je n'ai rien vu, je ne sais rien. »

Et, sans demander son reste, il fit volte-face et disparut dans la foule.

« Vous voyez ? fit Rodrigo, qui n'avait rien perdu de ce rapide échange. Les témoignages concordent tous. Il n'y a pas plus de choléra ici que de plomb dans la cervelle d'un Indien ! »

La plaisanterie, d'un goût douteux, fit grimacer Prune. Cette petite équipée finissait par lui paraître bizarre. Tout était trop beau, trop propre... Elle avait l'impression de se trouver dans un décor de cinéma, avec des figurants déguisés en Indiens et des maisons en carton-pâte. Ludo avait raison, il devenait urgent de se débarrasser de Rodrigo. Tant qu'il serait dans leurs pattes, aucun Indien n'ouvrirait la bouche.

Soudain, un plan germa dans son esprit.

« Zut ! cria-t-elle rageusement. Je n'ai plus de pellicule, la barbe... Attendez-moi une seconde, je cours en chercher dans la Jeep. »

Un clin d'œil discret de Ludo la rassura : il avait parfaitement compris sa manœuvre. Rodrigo, pour sa part, fronça les sourcils.

« Soyez revenue dans cinq minutes, ordonna-t-il. Sinon, j'alerte la patrouille.

— Comptez sur moi », répondit Prune en s'élançant à petites foulées.

Quand elle fut certaine que le militaire ne pouvait plus la voir, elle s'immobilisa. Située un peu à l'écart du marché, la ruelle où elle venait de déboucher paraissait déserte. Soudain, des cris d'enfants attirèrent son attention. Un groupe de mamans entourées de leurs bambins avançait vers elle. Prune se précipita.

Mais à peine eut-elle posé sa première question que les jeunes femmes rebroussèrent chemin, la mine apeurée. Pourtant, le lieutenant Rodrigo n'était pas là, elles n'avaient pas à craindre de représailles militaires... Obstinée, la jeune fille les escorta un moment, renouvelant sa demande. Peine perdue, les femmes restaient muettes. Inutile d'insister.

Avisant ensuite un vieil homme assis sur le pas de sa porte, elle se dirigea vers lui et l'interrogea poliment. Le vieillard se contenta de secouer la tête, esquissant un sourire désolé. Prune se demanda s'il ne comprenait pas l'espagnol ou s'il regrettait de ne pouvoir répondre.

Un peu découragée, elle longea alors des alignements de maisons en bois, interpellant chaque passant. Mais chaque fois, elle se heurtait au même silence obstiné. En désespoir de cause, elle s'apprêtait à renoncer quand un sifflement aigu la fit sursauter.

« Pssit ! *Señorita*, par ici ! » fit une voix jeune et féminine.

Prune s'approcha de la masure d'où semblait provenir la voix. Sur le seuil, elle marqua une pause ; une petite main fraîche la tira par le poignet.

« Entre, je voudrais te parler. »

La jeune Indienne la fit asseoir sur une natte, posée à même le sol en terre battue. La pièce était sombre, mais Prune put toutefois distinguer les traits de son interlocutrice. Agée de quinze ans à peine, avec ses grands yeux noirs qui lui mangeaient le visage et son long cou de cygne, elle avait l'air d'une princesse maya.

« Je m'appelle Paquita. Je t'ai vue arriver, avec ton ami blond et le lieutenant Rodrigo, commença la jeune fille dans un espagnol fluide. Comme tu es belle ! » ajouta-t-elle en caressant les boucles auburn de Prune.

Prune sourit, puis, en quelques mots, elle expliqua la raison de leur présence et le mur de silence auquel ils se heurtaient.

« C'est à cause de l'armée, chuchota Paquita. Le lieutenant Rodrigo est très cruel avec les Indiens. Quand il vient ici, tout le monde a peur. Mais moi, je veux t'aider. Tu connais le Polygone 14 ?

— Non, répondit Prune, intriguée. De quoi s'agit-il ?

— Voilà. Beaucoup de nos frères ont été chassés par des ladinos, qui ont volé leurs terres. Ils se sont réfugiés dans la jungle. Ils habitent dans le Polygone 14. C'est le nom administratif que l'armée a donné à ce secteur. »

Les yeux brillants d'excitation, Prune s'empara des mains de la jeune fille.

« Et tu sais où il est, ce camp ?

— Pas très loin d'ici, vers la frontière mexicaine. Ces gens n'ont plus rien, ils ont dû tout abandonner. C'est peut-être là que sévit la maladie. »

Prune remercia la petite Indienne avec effusion, et se hâta de regagner la place du marché. Comme elle s'y attendait, Rodrigo l'accueillit avec un regard assassin.

« Où étiez-vous ? Il y a plus d'un quart d'heure que vous avez disparu ! »

Prune ne se laissa pas impressionner par le ton peu amène.

« J'ai fait quelques portraits d'enfants, dit-elle de son air le plus naïf. Ils sont si photogéniques ! »

Le lieutenant la toisa un moment, puis haussa les épaules.

« En route ! lança-t-il enfin. Nous avons assez traîné ici... »

Tandis que l'officier ouvrait la marche, Prune prit Ludo par le bras et se pencha à son oreille.

« On tient une piste ! chuchota-t-elle. Rodrigo nous a menés en bateau, comme on s'en doutait. Il va falloir lui fausser compagnie au plus vite... »

## 3

# Prisonniers !

*« Adios ! adios ! »*

Prune et Ludo agitèrent la main, en réponse aux adieux timides des bambins, puis se regardèrent, perplexes. Leur impression était la même. Ce huitième village ressemblait comme un frère aux précédents. Les gens, peut-être, leur avaient paru légèrement moins craintifs... Mais sans doute était-ce parce que, plus isolés que les autres, ils recevaient moins souvent la visite des militaires.

En tout cas, à part la piste lancée par Paquita, ils n'avaient glané aucun renseignement supplémentaire. Mis au courant par Prune, Ludo avait tout de suite compris qu'ils tenaient là une info capitale. Le plus dur allait être de la mettre à profit, Rodrigo étant plus collant qu'une sangsue.

La Jeep caracolait à travers des paysages maintenant familiers aux deux jeunes gens. Ils repassèrent un petit pont de bois qu'ils avaient emprunté à l'aller, puis la piste s'enfonça dans l'étroit corridor tapissé de feuilles lustrées.

Accoudée à la vitre ouverte, Prune laissait le vent de la course jouer avec ses mèches fauves. Quelle étuve ! L'haleine brûlante de la jungle ne faisait rien pour rafraîchir son front moite. Comment Rodrigo pouvait-il rester si dispos ? Sifflotant entre ses dents, il paraissait fort satisfait du périple.

« Alors, mes amis, vous en avez assez vu, je pense ? Votre avion peut redécoller demain matin pour Coban. Votre présence ici ne se justifie plus. »

Ludovic donna un léger coup de coude à Prune. Le moment était venu de jouer cartes sur table.

« Puisque vous abordez le sujet, je vais être franc. Nous avons toutes les raisons de penser que l'épidémie sévit en fait sur le Polygone 14. »

A ces mots, le lieutenant sursauta ; le véhicule fit une embardée. Une roue plongea dans une fondrière, projetant une giclée de boue qui éclaboussa la manche de Prune.

« Merci pour mon tee-shirt, murmura-t-elle à l'adresse de Ludo. On peut dire que tu fais dans la dentelle... »

Sans prendre la peine de s'excuser, Rodrigo reprit vite le contrôle du volant — et de lui-même.

« Qui vous a parlé du Polygone 14 ? demanda-t-il, le visage impassible.

— Peu importe », rétorqua Ludo.

L'heure n'était plus à la diplomatie.

« Nous devons absolument nous y rendre. Pas ce soir, car la nuit va bientôt tomber. Mais demain, à la première heure. Pouvez-vous nous y conduire ? »

Agrippant nerveusement le levier de vitesses, Rodrigo rétrograda en seconde, dans un crissement très désagréable.

« Vous conduire au Polygone 14 ? Pas question !

— Et pourquoi donc ? intervint Prune. Avez-vous peur de ce que nous pourrions y découvrir ? »

Crispé sur son volant, les yeux rivés droit devant lui, Rodrigo ne répondit pas. Décidé à jouer son va-tout, Ludo réattaqua d'une voix ferme :

« Señor Rodrigo, vous obéissez sans doute à des ordres... mais moi, je suis tenu par un serment, le serment d'Hippocrate. Vous luttez contre des hommes, moi je me bats contre la maladie. Le choléra est un fléau terrible, que je dois tenter de vaincre par tous les moyens, quels que soient les risques encourus. Vous condamnez la désertion, n'est-ce pas ? Eh bien, si je ne me rends pas au Polygone 14, ce sera une sorte de désertion vis-à-vis de ma mission. »

Magnifique ! applaudit Prune intérieurement, en serrant le bras de son ami pour lui manifester son soutien. Il n'y avait qu'un hic : le lieutenant se fichait pas mal de ces idéaux humanitaires. D'autant plus que pour lui, les Indiens, précisément, n'étaient pas des hommes...

« Lieutenant Rodrigo, intervint-elle à son tour, expliquez-nous au moins la raison de votre refus. Que cache le Polygone 14, au juste ? Un dépôt d'armes ? Un camp d'entraînement pour troupes d'élite ? »

L'officier haussa les épaules.

« Vous n'y êtes pas du tout. Il se trouve simplement que le Polygone 14 est l'un des foyers les plus vivaces de la guérilla. S'aventurer là-bas relèverait de l'inconscience. Tant que vous serez sous ma protection, je ne vous laisserai pas y risquer votre peau. »

L'apparente générosité de l'argument ne trompa pas Ludovic.

« Et d'un, vous n'êtes pas responsable de notre sort ; et de deux, nous n'avons rien à voir avec vos querelles politiques. Pour un médecin, il n'y a pas de bons ou de mauvais malades. Moralité, avec ou sans votre aide, nous irons au Polygone14.

— Impossible.

— Pourquoi ? Vous comptez nous jeter en prison, peut-être ?

— La zone est bouclée par mes hommes. Aucun véhicule ne peut s'y rendre sans un laissez-passer signé de ma main. »

Prune eut un rire bref.

« Qu'à cela ne tienne ! Nous irons à pied, s'il le faut.

— Ni à pied ni autrement ! siffla le lieutenant, toute courtoisie enterrée. Votre avion décollera demain à huit heures pour Coban. Je donnerai mes instructions au pilote. Cette nuit, vous dormirez au village de Playa Grande, à côté du camp. Et ne vous avisez pas de fuir, hein ! Mes hommes monteront la garde, avec l'ordre de tirer au moindre mouvement suspect, je vous préviens. »

La nuit tombait lorsque la Jeep parvint à Playa Grande. Au loin, les roulements du tonnerre annonçaient l'imminence de l'orage. Des nuages noirs, si bas qu'on les aurait dits vissés sur la cime des arbres, semblaient sur le point de se déchirer.

Rodrigo, qui n'avait plus desserré les mâchoires durant toute la fin du trajet, s'arrêta à hauteur du camp militaire. Tendant l'oreille, Prune et Ludo l'entendirent donner ses ordres à mi-voix : ses deux passagers devaient être considérés comme des prisonniers ; qu'on les enferme dans une cabane vide, jusqu'au matin ; à l'aube, il viendrait les chercher pour les conduire à l'aérodrome.

Prisonniers ! Les deux jeunes gens échangèrent un regard consterné. Ainsi, avant même d'avoir commencé, leur mission tombait à l'eau... Et pour couronner le tout, ils avaient laissé leur matériel médical au camp, entre les pattes des militaires. Echec sur toute la ligne...

Encadrés par deux hommes armés, ils traversèrent le village au pas de charge. Les premières gouttes d'une pluie tiède avaient donné le signal de la retraite et ils ne croisèrent que quelques gamins attardés, ou quelques poules affolées.

Leurs geôliers s'arrêtèrent bientôt devant une bicoque en lattes de bois, surmontée d'un toit en tôle ondulée. Derrière, à quelques mètres seulement, le rideau sombre de la forêt bouchait l'horizon. Juchée sur des rondins mal dégrossis, la cahute semblait flotter au-dessus du sol fangeux.

« Une maison sur pilotis..., murmura Prune. Très pittoresque !

— Au moins, nous serons à l'abri des inondations, observa Ludo d'un ton morne. Et vu le déluge qui se prépare, ce ne sera pas du luxe.

— *Silencio !* coupa l'un des miliciens. Avancez ! »

Les jeunes gens s'exécutèrent et gravirent les quelques marches branlantes qui menaient jusqu'à la porte d'entrée. A l'intérieur de la cabane, il faisait noir comme dans une mine. Leurs yeux commençaient à peine à s'habituer à l'obscurité, que le claquement de la porte les fit sursauter.

« Hé ! cria Prune.

— Pas de panique, murmura Ludo en lui serrant la main. J'ai cru voir une bougie. »

A tâtons, il avança jusqu'à la petite table qu'il avait repérée en entrant.

« Je l'ai ! » annonça-t-il victorieusement.

A la lueur vacillante de la chandelle, ils firent un rapide état des lieux. On pouvait difficilement imaginer plus sommaire...

« Une table... deux hamacs..., inventoria Ludo.

— Ou encore deux hamacs et une table. Charmant, comme décoration ! »

La jeune fille envoya un coup de pied rageur dans une des parois en bois.

« Et moi qui rêvais d'une bonne douche... »

La fin de sa phrase se perdit dans le fracas

du tonnerre, bientôt relayé par le martèlement continu de la pluie.

« La douche de mademoiselle est avancée ! » annonça solennellement Ludo.

Prune lui jeta un regard furibond.

« Et comme serviette, tu vas sans doute me proposer des feuilles de palmier ! Merci bien, je préfère encore dormir dans ma crasse. »

Cédant à un brusque mouvement de tendresse, Ludo passa un bras autour des épaules de son amie. Elle craquait un peu, mais quoi de plus normal ? La chaleur, la fatigue de la journée... et maintenant cette prison spartiate ! Tout cela avait une singulière allure de cauchemar. Ils restèrent ainsi un long moment, immobiles, sans parler. La pluie diluvienne crépitait sur le toit de la cabane, qu'on eût dit près de s'effondrer.

Soudain, la porte grinça sur ses gonds. Un dos vêtu de kaki apparut, puis une malle, et une autre... Les médicaments ! Par quel miracle réapparaissaient-ils soudain ? Ludovic reconnut l'un des militaires du camp.

« Ordre du lieutenant Rodrigo, expliqua l'homme. Impossible garder paquets au camp. Sécurité. »

Les deux grosses malles bleues furent logées dans un coin de la pièce, puis les militaires se retirèrent. Ludovic s'apprêtait à refermer la porte derrière eux lorsqu'il aperçut une silhouette voûtée, qui attendait sur le seuil. Elle était si petite qu'il n'y avait pas prêté attention.

« Mais... entrez donc vous abriter ! », s'exclama-t-il, en s'effaçant pour laisser passer la visiteuse.

La femme obéit peureusement et déposa sur le plancher une marmite en terre et deux gamelles de fer-blanc.

*« Muchas gracias ! »* dit Ludo en s'inclinant pour la remercier. La vieille Indienne s'éclipsa aussi discrètement qu'elle était arrivée.

« Voyons un peu..., fit Ludo en soulevant le couvercle. On dirait une espèce de cassoulet. »

Prune huma le fumet puissant.

« Des *frijoles*. Un ragoût de haricots rouges, parfumé au *chile*, c'est-à-dire au piment. Après ça, on va cracher du feu ! »

Exténués, les deux jeunes gens s'assirent à même le plancher et entreprirent, sans grand enthousiasme, de remplir leurs gamelles qu'ils touchèrent à peine. La fatigue et l'angoisse leur avaient coupé l'appétit. Voyant Prune bâiller à s'en décrocher la mâchoire, Ludo l'aida à se hisser dans son hamac. De son sac à dos, il sortit un carré de mousseline et une cordelette.

« Tu pars à la chasse aux papillons ? lança Prune, goguenarde.

— C'est cela, oui... Le galant homme que je suis a décidé d'installer ta moustiquaire, figure-toi. »

Quand la fine corde de nylon fut bien tendue entre les deux crochets qui soutenaient le hamac, le jeune homme déplia la toile de tulle et la suspendit au-dessus de Prune, faisant retomber les pans jusqu'à terre.

« Ça vaut un lit à baldaquin, non ? Comme ça, au moins, les moustiques n'auront pas ta peau.

— C'est vrai qu'ils sont voraces, par ici. Je ne t'ai jamais raconté la crise de paludisme de ma mère ? Un poème... Elle délirait complètement...

— Hé oui, ma bichette. Une simple petite piqûre, et l'insecte a contaminé ton sang. Je m'en voudrais de laisser faire ça. »

Ludovic installa sa propre moustiquaire, grimpa dans son lit suspendu et souffla la flamme de la bougie.

« Bonne nuit, Pruneau ! »

— Bon dodo, Lulu ! »

Malgré leur apparente bonne humeur, tous deux partageaient la même anxiété. Ils étaient bel et bien prisonniers, à la merci des fusils de leurs gardiens. Difficile de fermer l'œil, dans ces conditions. Sans compter la pluie qui tambourinait inlassablement au-dessus de leurs têtes...

Il devait être plus de minuit quand ils réussirent enfin à s'assoupir. Prune rêva qu'elle était ficelée sur un totem ; à ses pieds, une armée de rats dansait une ronde endiablée, couinant à qui mieux mieux. Ils raclaient le sol de leurs petites pattes griffues et...

« Ludo. Ludoooo ! »

Réveillé en sursaut par le hurlement de son amie, le jeune homme faillit tomber de son hamac.

« Hein ? Quoi ? Que se passe-t-il ?

— Des rats ! Ils doivent être sous la maison, je les ai entendus gratter contre le plancher ! »

Ludovic tendit l'oreille. A part l'eau qui dégoulinait le long du toit, il ne percevait pas le moindre son.

« Tu as dû faire un cauchemar.

— Non. Je t'assure, nous sommes cernés. Il doit y en avoir des dizaines. Je... »

Crrt, crrt, crrt...

Pas de doute, il se passait quelque chose sous leurs pieds. Retenant son souffle, Ludovic s'extirpa de son hamac et ralluma la chandelle. Puis, brandissant une chaussure pour parer un éventuel assaut, il colla son oreille contre le plancher.

Crrt, crrt...

Le jeune homme se redressa à moitié pour tenter de localiser l'origine du bruit.

« *Señor! Señor!* »

Il se figea sur place. Avait-il des hallucinations auditives, ou quelqu'un cherchait-il à s'introduire dans leur prison?

« Ici! Ici! »

L'appel était à peine audible, étouffé par le vacarme de l'averse. Ludo se coucha de nouveau à plat ventre sur le plancher, pour mieux percevoir la voix. Et soudain, il lâcha un juron : quelque chose venait de lui piquer la joue! Reculant vivement, il aperçut une paille dressée entre deux lattes mal jointes.

« Qui est là? chuchota-t-il dans l'orifice. Que voulez-vous?

— Déclouez la planche! répondit une voix fluette. Vite, ou je vais me faire repérer!

— C'est bon, j'arrive », dit Ludo en se relevant pour chercher un outil. Avisant la cuiller de leur repas, il glissa le manche dans la fente et l'utilisa comme levier.

De son hamac, Prune suivait les mimiques de Ludovic, abasourdie.

« Qu'est-ce que tu fabriques? Tu essaies d'apprivoiser les rats?

— Non, il y quelqu'un là-dessous.

— Quelqu'un? Tu délires ou quoi?

— Ne braille pas comme ça, viens plutôt me donner un coup de main. »

Dévorée par la curiosité, Prune sauta à terre et s'accroupit à côté de son ami. Ludo, arc-bouté en face d'elle, tirait sur la large planche comme un forcené, pendant que le mystérieux visiteur la poussait par en-dessous. La latte résista, craqua, puis finit par céder sous le double effort, dans un nuage de poussière.

Deux prunelles d'un noir luisant et un petit nez retroussé s'encadrèrent dans le trou béant. Deux bras nus, maculés de boue, les rejoignirent bientôt. Puis un corps agile bondit sur le plancher, tout ruisselant. Malgré sa maigreur et sa petite taille, l'enfant pouvait avoir une douzaine d'années.

« *Hola, doctor!* Je m'appelle Victor, et toi ?

— Heu... Ludo, et voici mon amie Prune. A propos, tu pourrais peut-être nous expliquer ce qui t'amène sous le plancher de cette cabane, en plein orage ?

— Je viens de la part de Luis. »

Prune secoua sa frange pour en chasser la poussière de bois.

« Luis ? Quel Luis ? Nous ne connaissons qu'un Rodrigo.

— Luis est l'homme qui a téléphoné à votre chef, en France. Il habite le Polygone 14, comme moi. »

Prune et Ludo se regardèrent en silence. Ainsi, le mystérieux appel anonyme n'était pas un canular. Et c'était bel et bien autour du Polygone 14 que cela sentait le roussi...

« Il faut que vous me suiviez, reprit le jeune Indien en s'animant soudain. Mon frère est très malade, et beaucoup d'autres gens du camp aussi.

— Comment ça, te suivre ? Tu veux partir tout de suite ? s'étonna Prune.

— Oui, justement, il faut profiter de la nuit, c'est notre seule chance.

— Et de la pluie, renchérit Ludo. Avec tout ce boucan, nos gardes n'entendront pas notre fuite.

— Mais la route est gardée, objecta Prune. Comment passerons-nous les barrages ?

— *Muy facil, señorita !* fit Victor en fronçant le nez. Je connais un sentier à travers la *selva*. Les militaires ne quittent jamais la route, ils ont peur de se perdre. Pas moi ! »

L'assurance du gamin fit sourire Ludo. Ce petit bonhomme n'avait pas froid aux yeux !

« Reste le problème du transport des médicaments, réfléchit-il tout haut. Victor, tu peux porter une lourde charge ? »

Le gamin gonfla fièrement ses petits bras.

« *Si, doctor !*

— Parfait, approuva Ludo en riant. Tu porteras dix kilos, et moi, vingt. Quant à Prune, elle aura déjà bien assez à faire avec son matériel photo ! »

Le jeune homme ouvrit la première malle et transvasa dix poches de réhydratation d'un litre dans le sac de Prune.

« Voilà pour toi, Victor. »

Puis il bourra son sac de vingt autres poches, et ajouta des masques, des gants jetables et des antibiotiques.

« Avec ça, nous soignerons déjà les cas les plus urgents. Il faudrait trouver une cachette pour le reste des médicaments...

— Planquons-les sous la maison, entre les pieux, suggéra Prune. Je ne vois pas les militaires s'amuser à ramper dans la boue pour les chercher.

— Bonne idée. Mais on laissera quand même une malle avec une partie du stock ici, pour tromper Rodrigo. Il va être vert de rage ! »

Quelques minutes plus tard, la petite troupe se disposa à quitter les lieux. Harnaché d'un sac à dos presque aussi haut que lui, Victor ouvrit la marche ; Prune, son sac-photo en bandoulière, se glissa ensuite à travers la trappe improvisée. Ses pieds s'enfoncèrent aussitôt dans une matière visqueuse. Pliée en deux, elle se faufila aussi vite que possible entre les pilotis.

Enfin, ce fut au tour de Ludovic de sauter à terre. Après avoir dissimulé une caisse de médicaments entre les rondins, il replaça soigneusement la latte. Inutile que les militaires sachent par où ils s'étaient évadés.

Marchant en crabe, il se fraya un chemin

sous le plancher jusqu'à l'arrière de la maison. Puis il se releva et examina les alentours, plissant les yeux pour mieux scruter la pénombre. A gauche, sous un auvent de palme, deux vigiles discutaient à mi-voix, à la lueur d'une lampe tempête ; à droite, un autre faisait les cent pas sous la pluie. Devant, la voie semblait dégagée. A peine cinquante mètres le séparaient de la lisière de la forêt, où l'attendaient déjà Victor et Prune, dissimulés par les arbres.

Le gardien de droite pivota sur ses talons et s'éloigna. C'était l'occasion ou jamais : sans perdre un instant, Ludo s'élança. Mais il n'avait pas fait dix mètres qu'il dérapa sur un obstacle ; déséquilibré par son chargement, il s'étala de tout son long dans la boue. Sur le moment, étourdi par le choc, il resta immobile, à moitié écrasé par les vingt kilos de médicaments. Puis, reprenant ses esprits, il jeta derrière lui un regard paniqué. Les militaires en faction ne pouvaient pas ne pas avoir entendu le bruit de sa chute... Pourtant, à son indicible soulagement, il ne vit rien, rien qu'un rideau de pluie et la lueur tremblante de la lampe tempête, au loin. Rien n'était perdu.

Comme il se redressait, il sentit sous son pied un objet lisse, arrondi. Une bouteille vide ! C'était donc cette cochonnerie qui avait failli causer sa perte! Rassemblant son courage, il se remit debout et s'éloigna en toute hâte. Il aurait bien voulu courir, mais il ne parvenait qu'à se traîner avec une démarche d'homme ivre, ralenti par le chargement et la boue qui dégoulinait jusque dans ses yeux.

« Ludo! Ça va? Magne-toi, mon vieux... »

Se guidant à la voix de Prune, il atteignit enfin les premières frondaisons.

« Ouf! soupira-t-il. Fichue bouillasse! J'ai cru que j'allais y rester.

— Pourtant, on n'a encore rien vu, répondit Prune en essuyant avec son mouchoir la boue qui maculait le visage de son ami. Victor m'a prévenue : le camp est à plus de dix kilomètres d'ici, et toute la jungle est un vrai cloaque. J'ai comme l'impression que nous ne sommes pas encore arrivés... »

# 4
# Le Polygone 14

Victor ouvrit la marche. Chaussé de simples sandalettes, il trottinait d'un bon pas. Prune et Ludo, en revanche, marchaient sur des œufs, malgré leurs semelles crantées. Le moindre faux pas, et c'était la glissade assurée. Alourdi par l'emplâtre de boue qui cuirassait ses vêtements, Ludovic se faisait l'effet d'un desperado du Far West après un bain de goudron et de plumes.

« *Cuidado*, une racine ! *Cuidado*, une liane ! »

A tout instant, le jeune Indien signalait les obstacles à ses deux compagnons. A croire qu'il avait un radar au bout du nez ! Prune et Ludo, eux, avaient beau écarquiller les yeux, ils n'y voyaient goutte.

« Stop ! cria soudain Ludo. J'ai une lampe de poche dans mon sac. Prune, tu peux l'attraper ?

— Ça, c'est une idée lumineuse ! approuva Prune tout en fouillant dans le barda de son ami. Ah ! je la tiens. Victor, nous ne mettons pas en doute tes talents d'éclaireur, mais ça manque un peu de visibilité !... Victor ?... Victor ! »

Pour toute réponse, elle dut se contenter du chuintement de la pluie dans le fouillis végétal. Elle balaya les alentours du faisceau de sa lampe. Personne. Leur guide s'était littéralement volatilisé !

Le halo de lumière révéla un paysage grandiose et effrayant. Des troncs enchevêtrés, torturés par des guirlandes de lianes ; des écorces lisses comme la pierre, d'autres noyées sous une étrange chevelure cotonneuse, d'autres encore hérissées de piquants. Sur le tapis de mousse vert bouteille, dans les amas de feuilles en décomposition, des myriades d'insectes devaient grouiller : cafards géants, scarabées charognards, mais aussi araignées venimeuses, scorpions... sans oublier le redoutable veinticuatro, cette fourmi longue de trois centimètres dont la morsure brûle durant vingt-quatre heures.

Soudain, un craquement fit tressaillir les jeunes gens. S'attendant à voir surgir Victor,

Ludo releva le faisceau de sa lampe vers l'endroit d'où venait le bruit.

« Attention ! » hurla-t-il.

Il se précipita sur Prune et la plaqua contre le fût d'un arbre. Sous leurs yeux effarés, un gigantesque tronc se fracassa contre le sol, avec un gémissement presque humain.

« Saleté d'arbre, grommela Ludo. Il devait être pourri, et gorgé d'humidité.

— Et Victor qui nous laisse moisir dans ce cloaque... »

Ludo attrapa affectueusement le petit nez retroussé de son amie.

« Patience, Pruneau. Il va certainement réapparaître d'un instant à l'autre. »

Mais, malgré son apparent sang-froid, Ludo n'en menait pas large. Qu'allaient-ils devenir ? S'ils rebroussaient chemin, ils retomberaient dans les pattes de leurs geôliers... Quant à entreprendre seuls la traversée de la jungle, il n'y fallait pas songer : autant se pendre tout de suite à la première liane venue.

Alors qu'il réfléchissait déjà à la manière d'improviser un bivouac de fortune, un bruissement de feuilles lui fit dresser l'oreille. Braquant sa lampe torche, il reconnut la frimousse malicieuse de leur guide.

« Te voilà enfin ! s'exclama-t-il. On commençait à se demander si le jaguar ne t'avait pas dévoré ! »

Victor fronça son petit nez — une mimique visiblement fréquente chez lui.

« *El tigre?* Ha, ha! Il ne rôde pas par ici. Mais qu'est-il arrivé à la *señorita* Prunella? Elle est aussi verte que les feuilles du grand sapotillier!

— Très drôle. Tu peux nous dire ce que tu es allé fiche dans ces fourrés? »

Victor, qui avait gardé les mains derrière le dos, exhiba alors une espèce de grand sabre dont la lame étincelait. D'un geste habile, il décapita une branche qui retombait sur l'épaule de la jeune fille.

« *Machete!* dit-il en brandissant fièrement son arme. La meilleure amie des Indiens, dans la *selva*.

— Mais..., s'étonna Ludo. Où l'as-tu dénichée?

— Je l'avais cachée dans un tronc creux. Je ne voulais pas risquer de me la faire confisquer par les militaires.

— Sage précaution, approuva Ludo. Mais tu aurais quand même pu nous prévenir avant de nous fausser compagnie. Bon, en route, maintenant! Nous avons perdu assez de temps comme ça. »

En file indienne, le convoi s'ébranla. En tête, Victor, de son coupe-coupe acéré, traçait un passage à la force du poignet; lui emboîtant le pas, Prune, les yeux rivés sur le sol, s'efforçait de suivre exactement les traces du jeune Indien, pour éviter une racine insidieuse ou une fissure du tapis spongieux; fermant la marche, Ludo balayait les bas-côtés du faisceau de sa lampe, pour décourager d'éventuelles bestioles indésirables.

Les deux jeunes Français progressaient lentement, courbés sous le poids de leur chargement, et aveuglés par un mélange de pluie et de sueur qui dégoulinait de leur front. Victor, lui, gambadait allègrement, comme s'il se promenait en rase campagne. Et, tandis que ses deux compagnons se taisaient, trop essoufflés pour parler, il babillait sans discontinuer.

« Surtout, *amigos*, ne marchez pas sur les bouts de bois ou les pierres plates. C'est là que s'abritent les serpents pour dormir. Et quand on les dérange dans leur sommeil, ils ne sont pas contents du tout! »

Un peu plus tard, il marqua une halte, et désigna à ses pieds une enfilade de champignons fluorescents. Epongeant son visage trempé du revers de la main, Prune s'accroupit pour les observer.

« Hallucinant! s'exclama-t-elle. On croirait des soucoupes volantes!

— On les appelle ronds de sorcières, expliqua doctement Victor. Ils forment de grands cercles de plus de cent mètres. Tu n'aimes pas, *señor doctor*? »

Adossé contre un tronc, Ludo ne songeait guère à s'extasier devant les champignons. Cela faisait deux bonnes heures qu'ils peinaient dans cette étuve. Et, d'après ses calculs, ils étaient à peine à mi-chemin...

« *Si si*, fit-il en se forçant à sourire. Très joli. Ah ! qu'est-ce que... »

Quelque chose de visqueux s'était plaqué contre sa joue, tiède et mou comme une crêpe. Figé par la stupeur, il roula les yeux sur le côté afin d'identifier l'animal qui l'avait sournoisement attaqué. La chose, d'un vert-jaune indéfini, lui collait à la peau. Une sangsue, sans doute... ou peut-être un vampire, une de ces chauves-souris ignobles qui boivent le sang de leurs proies.

Le sifflement d'une machette et un grand éclat de rire le tirèrent de son cauchemar. L'œil goguenard, Victor agita devant ses yeux une grande feuille à demi putréfiée.

« Merci, mon vieux, fit Ludo en riant nerveusement. J'ai vraiment cru ma dernière heure arrivée.

— *De nada* », répondit Victor avec un clin d'œil malicieux.

Mi-amusé mi-honteux de sa méprise, le jeune médecin donna le signal du départ. Cette mésaventure cocasse avait le mérite de le rappeler à la modestie : la jungle, mère nourricière des Indiens, ne se laissait pas facilement apprivoiser. Devant un novice, elle sortait ses griffes. Un peu comme le système immunitaire du corps humain, en fin de compte, se dit-il. La forêt avait mis au point des méthodes d'intimidation fort efficaces contre les microbes de leur espèce qui osaient l'envahir...

Le ciel s'éclaircissait déjà lorsqu'ils débouchèrent enfin dans une clairière ; un ciel gris délavé, comme lessivé par l'averse de la nuit. Un peu groggy, Prune et Ludo clignèrent les yeux, croyant à un mirage.

« Dis-moi que je ne rêve pas, Victor ! articula Prune. On est arrivés ? Pour de bon ?

— *Si, señorita* Prunella. Voici notre camp. »

Après avoir franchi une maigre palissade, Prune et Ludo reprirent leur souffle en observant le triste panorama : un champ de boue, parsemé de touffes de végétation malingre, de bois mort et de détritus. Des ravines creusées par la pluie transformaient les talus en torrents jaunâtres.

Au-dessus de ce bourbier se dressaient, ou plutôt flottaient, des habitations qui méritaient à peine le nom de masures. Des tiges de canne ou de maïs, liées entre elles par des fibres, faisaient office de murs. Quant aux toits, rafistolés au gré des intempéries, ils se composaient soit de feuilles, soit de tôle ondulée, soit de bâches multicolores, seules notes vives de ce paysage désolé.

A l'idée que des familles entières vivaient là, dans le dénuement le plus total, Ludo eut un mouvement de révolte.

« Je n'en reviens pas !... s'exclama-t-il. Non, mais tu te rends compte, Prune ? Cette canaille de Rodrigo s'est bien fichu de nous. Quand je pense aux villages modèles qu'il nous a fait visiter ! »

Malgré l'heure matinale, on s'affairait déjà. Des hommes, par bandes serrées, s'éloignaient vers la forêt, la machette à la ceinture.

« Où vont-ils ? s'enquit Prune, intriguée par leur manège.

— Aux champs, expliqua Victor. Nous faisons pousser un peu de maïs et quelques légumes. Chaque *padre* a de nombreux enfants à nourrir. Moi, par exemple, j'ai quatre frères et trois sœurs ! Ma maman a perdu deux petits bébés, à cause de la fièvre. Tu connais cette maladie, *doctor* ? »

Ludo hocha la tête.

« La typhoïde, sans doute... Elle s'attrape en buvant de l'eau souillée. Mais dis-moi, Victor. Combien êtes-vous, ici ?

— Beaucoup, beaucoup de familles, répondit l'enfant en écartant comiquement les bras. Luis vous dira, moi je ne sais pas. Venez, maintenant. »

Les jeunes gens entreprirent de traverser le marécage putride, avec la pénible impression de s'enliser dans des sables mouvants. Autour d'eux, pourtant, les réfugiés vaquaient à leurs occupations, apparemment indifférents à l'état du sol. Tandis que Ludo questionnait Victor sur la vie dans le camp, Prune laissait traîner son regard un peu partout. Des scènes cocasses la firent sourire : ici, deux gamins jouaient au foot avec une boîte de conserve ; là, une vieille femme arborait un étrange chapeau, large foulard noué au sommet de son crâne, dans lequel caquetaient des poules. Elle salua d'un signe de tête deux très jeunes filles, presque des enfants, portant chacune un bébé harnaché sur le dos.

Pieds nus, ou chaussés de croquenots rafistolés, ces villageois la frappèrent par leur extrême dénuement. Oubliés, les huilpiles éclatants, les ceintures artistiquement brodées des villages de la veille ! Ici, le tee-shirt déteint et le pantalon de toile rapiécé servaient pour ainsi dire d'uniforme. Les femmes, vêtues de jupes informes et de chemisiers défraîchis, parvenaient pourtant à garder une élégance naturelle. Et les petites filles... coquettes comme des princesses ! Prune resta en admiration devant deux d'entre elles : l'une, juchée sur un bidon cabossé, s'admirait dans un bout de miroir, pendant que sa compagne s'appliquait à tresser ses longs cheveux noirs de jais.

« Ohé ! Pruuune ! Par ici !

— J'arrive ! »

Pataugeant comme un canard dans la gadoue, la jeune fille rejoignit ses compagnons. Sur le seuil d'une baraque en bois recouverte d'une toile rouge, un jeune homme les attendait. Il s'avança vers eux en leur tendant une main fine et nerveuse.

« *Amigos !* Quel bonheur de vous voir ici ! Bienvenue au Polygone 14. Je suis Luis, l'agent de santé du camp. Je vois que votre guide a bien rempli sa mission... »

Rayonnant de fierté, Victor s'acquitta solennellement des présentations. Prune et Ludo prirent tout de suite Luis en sympathie. Son sourire immense, qui dessinait deux fossettes aux coins de sa bouche, inspirait irrésistiblement confiance. A certains signes, pourtant, ils comprirent que leur hôte ne devait pas rire tous les jours. Avec ses traits tirés et ses joues creusées par la fatigue et les privations, il rappelait à Ludo les médecins bénévoles qu'il avait pu rencontrer au Cambodge ou en Bosnie. Des phénomènes de volonté et de résistance, qui exigeaient d'eux-mêmes l'impossible pour sauver des vies.

« Voici notre dispensaire », indiqua Luis en les faisant entrer.

Le premier geste de Ludo fut de sortir trois paires de gants et trois masques de son sac.

« Enfilez ça, dit-il à Prune et Luis. Il ne faut pas prendre de risque inutile... Toi, Victor, tu restes ici. »

Une fois équipés, tous trois pénétrèrent dans l'hôpital improvisé.

« Comme vous le voyez, dit Luis, nous avons peu de moyens. »

« C'est le moins qu'on puisse dire ! » songea Ludo en s'avançant pour faire le tour des malades. L'air de la pièce était lourd de miasmes, odeurs d'urine, de vomissements et de moisissure mêlées. De grosses mouches noires vrombissaient comme des cyclomoteurs, volant en rase-mottes au-dessus des lits... Si l'on pouvait appeler lits une dizaine de rectangles de toile tendus sur des châssis de bois, et soutenus par des pieux bancals. Parfois, deux malades partageaient la même couche, tête-bêche ; par manque de couvertures, on avait jeté des vêtements sur ces corps inertes, dont les maigres formes faisaient saillie à travers le tissu.

Luis présenta à ses compagnons deux jeunes femmes qui transportaient de larges bassines.

« Maria et Carmela, mes deux aides. Elles

sont là presque vingt-quatre heures sur vingt-quatre. L'essentiel de leur tâche consiste à évacuer les excréments et les vomissures. C'est effroyable ! Les malades se vident littéralement. Des litres et des litres... Nous ne comprenons pas ce qui se passe. Ils n'ont même pas de fièvre. »

Ludo s'accroupit auprès d'un jeune homme et lui prit le pouls. Le rythme cardiaque était faible.

« Prune, tu veux me passer mon tensiomètre ? »

La jeune fille sortit du sac à dos le brassard relié à un manomètre et le tendit à son ami.

« Très basse », murmura-t-il, l'opération effectuée.

Puis il détailla le visage du malade. Le teint était grisâtre, la peau craquelée comme un vieux parchemin ; il ne devait pas avoir plus de trente ans, mais il en paraissait vingt de plus. Ses yeux, ombrés de larges cernes, s'enfonçaient dans les orbites.

« Il est complètement déshydraté, conclut le jeune médecin en se relevant. Luis, il va falloir leur injecter d'urgence du sérum. Combien de cas as-tu recensés ?

— Depuis dix jours, au moins quarante. Nous avons déjà eu seize morts. Les personnes que tu vois ici sont les plus atteintes. Les autres sont restées dans leurs familles, par manque de place. »

Ludovic plissa le front.

« Dans leurs familles ? Ça, il va falloir y remédier au plus vite. L'épidémie risque de se propager à la vitesse de la lumière. Les malades doivent être isolés de toute urgence, pour ne pas contaminer ceux qui sont encore valides. Débrouille-toi pour mettre en place un second dispensaire... Mais revenons à ces malades. Quel traitement leur as-tu administré ? »

Le jeune Indien haussa les épaules en signe d'impuissance.

« Aucun, malheureusement. Je ne dispose de rien ici, ni matériel ni médicaments. Et puis, j'ignore tout de cette maladie. Pour l'instant, je me suis contenté de leur donner de l'eau bouillie à boire. »

Ludovic ne répondit pas, préoccupé par la gravité de la situation. Prenant ce silence pour une désapprobation, Luis ajouta, la mine désolée :

« Je n'aurais pas dû ?

— Comment ? Si, si, bien sûr, c'est parfait. D'ailleurs, tu devrais appliquer cette mesure à tout le camp. Quant aux déjections, il ne faut surtout pas les verser dans la rivière, elles vont contaminer vos bêtes et vos récoltes. Dis aux hommes de creuser une fosse, où on enterrera toutes les immondices. Il faudra aussi construire des latrines, pour que les gens aillent y faire leurs besoins et cessent de souiller l'eau courante. »

Un peu en retrait, Prune observait le jeune agent de santé. Il buvait littéralement les paroles de Ludovic : de toute évidence, la compétence du jeune médecin français l'impressionnait. Elle se sentit émue de pitié. Ce pauvre malheureux se battait tout seul, sans moyens, contre un mal mystérieux et fulgurant... Maintenant, au moins, il était épaulé.

Ludo continua son inspection, s'arrêtant au chevet de chaque lit. Prune ne pouvait s'empêcher d'admirer sa patience, sa douceur, notamment avec les enfants. Il arriva auprès d'une adolescente d'une douzaine d'années, à un stade avancé de la maladie, qui respirait avec des sifflements rauques. Son fin visage était baigné de sueurs froides ; une femme, sa mère sans doute, s'était agenouillée au pied du lit et récitait à mi-voix des prières ferventes, dans une langue inconnue. Elle s'était prosternée devant un petit autel, où trônait une image jaunie de la Vierge, éclairée par la flamme vacillante d'une bougie. D'un récipient en terre s'échappait une fumée âcre dont l'odeur rappelait celle de l'encens.

« Elle prie pour que Graciella guérisse, expliqua Luis. La résine de copal, que nous tirons du *palo fijote*, a une vertu purificatrice et sacrée.

— C'est bien la Vierge Marie, qu'elle prie ? s'étonna Prune.

— Oui, nous pratiquons la religion catholique, que nous ont imposée les Conquistadores espagnols ; mais nous avons aussi gardé notre dieu à nous, le Soleil. Et nous vénérons également la Lune, la Terre et toutes les choses de la Nature. Pour nous, il n'y a pas de contradiction, les deux religions se complètent. »

Prune hocha la tête, admirative. Comme quoi, même en matière de religion, la tolérance était possible...

Sous le regard implorant de sa mère, Ludo tâta le frêle poignet de Graciella du bout des doigts. Le pouls était à peine perceptible. Puis il plaqua son stéthoscope contre la poitrine menue de la petite Indienne ; le cœur battait faiblement, s'affolant par à-coups.

« Comment te sens-tu ? demanda-t-il en espagnol. Tu as mal quelque part ? »

Avec un effort visible, la jeune fille parvint à articuler quelques mots.

« Mes bras, mes jambes... tout durs. Et mon ventre, il a des fuites. »

La voix était rauque, cassée, comme si elle souffrait d'une bronchite. Plus aucun doute n'était possible. C'était bien l'un des symptômes du choléra, de même que les crampes dans les membres et l'impression de se vider entièrement. Pour ne pas alarmer davantage la mère, il ne dit rien. Mais, au regard qu'il lui lança, Prune comprit qu'il ne se faisait guère d'illusions sur les chances de survie de l'adolescente. Il se releva et prit Luis à part.

« Il faut lui injecter au plus vite du sérum de réhydratation. Si nous n'agissons pas, cette petite va mourir du choléra dans quelques heures. Viens m'aider à préparer les perfusions. »

Quelques minutes plus tard, Ludovic tendait à son homologue guatémaltèque la poche de plastique contenant le sérum.

« Accroche ça au toit, s'il te plaît. Plus le liquide est suspendu haut, plus le débit est rapide. »

Quand le flacon fut solidement arrimé au montant de bois, Ludo y raccorda le mince tuyau de perfusion. Puis, à l'autre extrémité, il ajusta une aiguille.

« Tiens-moi ça, pendant que je cherche la veine. »

Remontant la manche de la chemisette de Graciella, il serra un garrot sous son biceps ; en temps normal, cette opération aurait suffi à faire saillir les veines. Mais là, rien n'affleurait. A l'aide d'un coton imbibé d'alcool, Ludo frotta énergiquement l'intérieur du coude. La veine restait introuvable...

« Tu ne m'aides pas beaucoup, dit-il en souriant à Graciella, qui fixait sur lui ses grands yeux inquiets. Ne t'en fais pas, tu n'auras pas mal du tout. »

Il dénoua la lanière de caoutchouc qui servait de garrot, puis la remit en place, en serrant davantage. Un mince filet bleuté se dessina sous la peau.

« Ah ! quand même... Luis, passe-moi l'aiguille. »

Avec précaution, il piqua la veine minuscule, puis fixa l'aiguille au moyen d'un sparadrap.

« Mission accomplie ! Dans une demi-heure environ, la poche sera vide. Il faudra renouveler l'opération avec un autre flacon. »

Luis avait suivi la scène avec la plus grande attention.

« Combien de flacons seront nécessaires, en tout, pour la réhydrater ?

— Pour un bout de chou comme elle, quatre suffiront, aujourd'hui. On compte qu'il faut injecter dix pour cent du poids total du malade dans les premières heures du traitement. Ensuite, on continue jusqu'à ce que les diarrhées cessent. Cela peut prendre de deux à quatre jours, selon la gravité des cas.

— Et il n'y a pas de rechutes ?

— En principe, non. Cela dit, il faut aussi un antibiotique, pour tuer la bactérie responsable du choléra. C'est la deuxième étape. »

Joignant le geste à la parole, il cassa une ampoule et en aspira le contenu à l'aide d'une seringue.

« C'est du Fanasil, expliqua-t-il. Le meilleur produit à l'heure actuelle. Une seule injection suffit.

— Elle se fait aussi en intraveineuse ?

— Non, en intramusculaire. Aide-moi à la tourner sur le côté, je vais piquer dans la fesse. »

La jeune malade se laissa faire sans broncher. En d'autres circonstances, Ludo se serait félicité de son calme ; mais cette apathie générale n'était pas très bon signe.

« C'est fini, annonça-t-il enfin en retirant la seringue vide. Bravo, Graciella, tu as été très courageuse. Luis, il faudrait la redresser un peu, maintenant. Ça limitera les vomissements, si jamais ils reprenaient... »

Ils firent ainsi le tour du dispensaire, installant des perfusions au-dessus de chaque lit, injectant sans discontinuer des doses d'antibiotiques. Après deux heures de travail acharné, ils purent enfin souffler un peu.

« Carmela ! appela Luis. Va demander à la Jefe de nous préparer du café et des *tortillas*, s'il te plaît.

— *Momento*, je finis de désinfecter les aiguilles.

— Si tu me dis où c'est, je peux y aller, offrit Prune, impatiente de respirer un air plus sain.

— La première cabane à gauche, indiqua Luis. Ne t'inquiète pas si la Jefe est un peu revêche. Elle n'aime pas trop les étrangers. Mais quand on sait l'amadouer, c'est une brave femme. Bon courage, Prunella ! »

Un large sourire illumina le visage du jeune Indien, tandis qu'il posait affectueusement la main sur le bras de Prune. « Un certain charme, ce Luis », songea la jeune fille en s'éloignant au pas de course.

En cette fin de matinée, la chaleur devenait écrasante. Mais à côté de la puanteur du dispensaire, l'air lui parut presque aussi vivifiant qu'au sommet des Alpes. Après avoir enjambé une chienne amorphe, vautrée nonchalamment tandis que ses petits la tétaient avec avidité, Prune se présenta devant la cahute indiquée par Luis. Une très vieille femme aux cheveux gris frisottés ravivait le feu, dans ce qui devait tenir lieu de cuisine.

*« Buenos dias, señora ! »*

La vieille leva la tête de son fourneau et dévisagea Prune.

« Que veux-tu, petite ? s'enquit-elle avec méfiance.

— Je viens de la part de Luis. Il m'a dit que vous pouviez nous préparer du café et des *tortillas*. »

En entendant le nom de Luis, l'Indienne se radoucit. Elle puisa de l'eau dans une grande bassine en plastique et la versa dans une bouilloire en fer. Puis elle désigna du doigt un tabouret en rotin. Croyant qu'elle l'invitait à s'asseoir, Prune s'exécuta... Que n'avait-elle pas fait ! A l'air furibond de la Jefe, la jeune fille comprit qu'elle venait de commettre un impair monumental et se leva précipitamment. Un peu mortifiée, elle approcha le siège, qui servit de support à une lourde gamelle remplie d'une purée blanchâtre.

Fascinée, Prune suivit une à une les étapes de la confection des *tortillas*, ces galettes de maïs que les Indiens accommodent à toutes les sauces. La Jefe commença par plonger les mains dans le bol, puis malaxa longuement la pâte, avant d'en extraire une petite boulette. Elle entreprit ensuite de l'aplatir entre ses paumes, par de rapides mouvements saccadés, exactement comme si elle applaudissait. Quand elle eut obtenu une galette mince et ronde, elle la déposa sur la plaque de cuisson, un disque de terre cuite placé sur trois pierres au-dessus du foyer. Puis elle renouvela l'opération, avec une seconde boulette.

Au fur et à mesure que les *tortillas* étaient cuites, l'Indienne les empilait dans un torchon. Finalement, elle noua les quatre coins du tissu qu'elle déposa dans un panier avec trois gobelets et un pot de café.

« *Muchas gracias*, fit Prune en s'inclinant.

— *De nada* », répondit laconiquement la vieille dame, avant de retourner à ses occupations.

« Un sacré caractère, la Jefe ! s'exclama Prune en rejoignant ses deux compagnons qui s'étaient installés devant le dispensaire. Je ne suis pas sûre d'avoir fait sa conquête.

— Ça viendra, la rassura Luis en versant du café. La Jefe est un personnage, dans le camp. Elle est à la fois la doyenne et la petite-grand-mère de la communauté.

— Quel drôle de nom ! s'étonna Prune. Ça signifie quoi, au juste ? »

Luis lui tendit une tasse.

« Avec son mari, le petit-grand-père, elle est responsable du camp. On vient la consulter quand on doit prendre une décision importante. Un peu comme vos hommes politiques à vous...

— Petite-grand-mère égale petit-grand-maire, en somme... Hé, Ludo ! Tu en fais une tête ! »

Les bras ballants, Ludovic était pâle comme un cierge. Ses boucles châtain clair, humides de sueur, pendouillaient sans grâce sur son front plissé.

« Je suis inquiet. Jusqu'à présent, nous avons pu soigner une petite dizaine de malades, les plus atteints. Mais ils ne sont pas tirés d'affaire. Si on ne continue pas à les réhydrater, nos efforts n'auront servi à rien.

— Il ne te reste plus du tout de soluté de sérum ? s'inquiéta Luis.

— Plus une goutte. Fais le calcul : cinq litres par personne — et encore, c'est la dose minimum. Nous disposions de trente litres. 6 × 5 = 30, le compte est bon. Enfin, façon de parler. »

Les trois jeunes gens burent leur café en silence. Le breuvage amer fit grimacer Prune. En fait de café, cela ressemblait plutôt à du jus de racine de betterave !

Tandis qu'elle mordait pensivement dans une *tortilla* encore tiède, un plan germa dans son esprit. Un plan qui comportait des risques importants, et qui allait lui demander de puiser dans ses dernières réserves d'énergie... mais c'était la seule issue pour sortir de l'impasse.

« J'ai une idée, dit-elle soudain. Avec Victor et une petite équipe de porteurs, je vais retourner au village. Nous récupérerons les médicaments cachés sous la maison.

— Tu es folle ! protesta Ludo. Jamais vous

n'y arriverez. Après la nuit éreintante que tu viens de passer, tu ne tiendras pas le coup. Si quelqu'un repart, ce sera moi.

— Fais-moi confiance, j'ai encore du tonus à revendre ! Et puis, je ne suis pas indispensable ici. Toi, il faut que tu restes, pour poursuivre les soins. »

Ludovic réfléchit rapidement. Prune était solide, elle pouvait réussir. Et puis, avec Victor comme guide et les porteurs comme gardes du corps en cas de danger, elle serait à peu près en sécurité. De toute façon, elle avait raison : il fallait tenter le coup. Ils n'avaient pas le choix.

« Entendu, ça marche, soupira-t-il. Il faudrait aussi qu'un Indien se rende jusqu'à Coban, pour envoyer un fax à l'UMI. Je vais dresser par écrit la liste des médicaments dont nous avons besoin et ajouter un mot pour Jean-Paul : il faut qu'il contacte d'urgence l'OMS, pour l'alerter de la situation dans le Polygone 14. Luis, tu connais un gars assez débrouillard pour s'acquitter de cette tâche ? »

Le jeune agent de santé se gratta le menton en réfléchissant. Puis il claqua des doigts et son visage s'illumina.

« Bien sûr ! Pedro, le frère aîné de Victor ! Il parle et lit couramment l'espagnol, et il connaît un peu Coban. Je vais tout de suite le prévenir. »

5

# La mort qui rôde

« Stop ! Mon lacet est défait ! »

Prune se baissa pour refaire le nœud, profitant de l'occasion pour souffler un peu. Les quatre gaillards qui l'escortaient avançaient aussi vite que des coureurs de marathon... Et Victor, malgré sa petite taille, n'était pas en reste. Même sans son appareil-photo, la jeune fille peinait à les suivre.

« *Vamos !* On peut y aller ! »

De jour, impossible de reconnaître le chemin emprunté la veille. Comme n'importe quel humain civilisé, les animaux se terraient chez eux la nuit — plus encore lorsqu'il pleuvait. Mais maintenant, quel festival ! Des bandes de perruches en particulier, bariolées de vert et de rouge, s'égosillaient comme des mégères se crêpant le chignon...

A force de garder le nez en l'air, Prune trébucha sur une racine ; pour ne pas tomber, elle se raccrocha in extremis à la manche de l'homme qui marchait juste devant elle.

« *Disculpe*... pardon !

— Ce n'est rien, *señorita*. Tu es très fatiguée, je vois. Tu veux que je te porte sur mon dos ?

— Non, non, merci. Ça va aller. »

Un quart d'heure plus tard, elle regrettait déjà son refus poli. Jamais elle n'arriverait jusqu'au village ! Cela faisait une heure à peine qu'ils avaient quitté le Polygone 14, et elle était déjà sur les rotules... Ça lui apprendrait à jouer les Superwoman. Elle aurait mieux fait d'écouter Ludo, et de le laisser partir à sa place.

Pourtant, on pouvait dire qu'elle était bien entourée. En tête du cortège, Victor et son frère Pedro, copies conformes l'un de l'autre — quelques années et une barbichette en plus pour le second ; derrière eux, un des trois porteurs, celui sur lequel la jeune fille s'était écroulée — très gentleman, pour un gars élevé dans la jungle ! Prune venait ensuite, et les deux derniers porteurs fermaient la marche. Agés d'une trentaine d'années, plus bourrus que leur collègue, ils discutaient à mi-voix entre eux mais devenaient muets dès que la jeune fille leur adressait la parole.

« Oups ! *Discul...* »

Pour la seconde fois, Prune venait d'entrer en collision avec le jeune Indien qui la précédait, par la faute, cette fois, d'une liane qui s'était prise dans ses pieds.

« Chhhht », fit le jeune Indien en posant l'index sur ses lèvres.

Prune se figea sur place. Devant, Victor et Pedro s'étaient immobilisés, prêtant l'oreille à un bruit qu'elle n'entendait pas. Soudain, rapides comme de petits lézards bleus, ils plongèrent dans les fourrés, bientôt imités par le reste de la troupe.

« Que se passe-t-il ? chuchota Prune, écartant d'un geste une longue herbe qui lui chatouillait le nez. Vous avez vu un fauve ? »

Pedro pointa son doigt vers le lointain, en écartant doucement une fougère.

« Regarde... Là-bas... »

Prune plissa les yeux et scruta désespérément la forêt, dans la direction que lui indiquait le jeune Indien. Pour commencer, elle ne vit rien, rien que des feuilles et des troncs. Puis, enfin, il lui sembla distinguer des formes brunes qui gigotaient bizarrement.

Soudain, un rire gras vint troubler le concert harmonieux de la jungle. En le reconnaissant, Prune sentit son sang se glacer dans ses veines : ce rire, c'était celui du lieutenant Rodrigo...

D'un signe de la main, Pedro fit signe à ses acolytes de se rassembler. Tous les visages se tendirent vers lui.

« Deux d'entre nous vont s'approcher, pour essayer d'entendre ce que disent les militaires.

— Victor et moi, proposa aussitôt Prune. Nous sommes les plus menus, nous avons moins de risque de nous faire repérer. »

Le jeune garçon fronça son petit nez pour marquer son accord et, sans attendre, ouvrit le chemin, courbé en deux. Du manche de sa machette, il dégageait un étroit passage où Prune et lui purent se faufiler. Le sol détrempé avait au moins un avantage : il leur permettait de se glisser silencieusement, sans risque d'être trahis par un craquement de feuille morte. Seul le froissement des frondaisons signalait leur présence. Mais, dans le frou-frou constant de la jungle, il n'attirait guère l'attention...

Ils s'arrêtèrent à une dizaine de mètres des militaires et retinrent leur souffle. Le lieutenant Rodrigo, car c'était bien lui, discutait âprement avec deux hommes en uniforme. Le plus petit des deux devait être en train de faire son rapport.

« Tout est en place, *señor* lieutenant,

disait-il. J'ai déployé mes hommes autour du camp. Les Indios sont cernés. Nous avons établi des barrages sur tous les sentiers, avec ordre de ne laisser passer personne.

— *Perfecto !* jubila son supérieur, en se frottant les mains. Bon travail, sergent, je m'en souviendrai. »

Il se racla la gorge et cracha avec satisfaction.

« Quelles sont les instructions, *señor* lieutenant ? demanda le troisième homme.

— Statu quo jusqu'à l'arrivée des renforts, répondit Rodrigo. J'ai fait réquisitionner des soldats en poste dans les villages voisins. Dès qu'ils seront là, la grande lessive va pouvoir commencer. On va le nettoyer, ce camp de malheur ! Et proprement, hein ? Je ne veux pas un seul survivant, compris ? Pas un ! »

Prune et Victor échangèrent un regard horrifié. Ces hommes s'apprêtaient tout tranquillement à commettre un crime monstrueux, une véritable extermination en règle.

« *Hay un problema, señor*, reprit le premier officier. Les deux médecins français... que faut-il faire d'eux ?

— Les deux *gringos* ? Ce sont de sales espions ! Pas de pitié pour eux non plus. Ils en savent trop pour qu'on les laisse dans la nature.

— Mais..., insista le troisième militaire, s'il y a une enquête...

— Eh bien, on mettra leur mort sur le dos des guérilleros ! »

Prune suffoquait de rage. Si elle ne s'était pas retenue, elle se serait volontiers jetée à la gorge de ces crapules... Mais, n'écoutant que sa raison, elle se pencha à l'oreille de Victor.

« Demi-tour, *niño*. On en sait suffisamment. Rejoignons les autres.

— Qu'est-ce qu'on va faire, Prunella ? demanda le jeune garçon d'un air malheureux. On continue quand même vers le village ?

— Pas question ! On n'a aucune chance de passer les barrages. Il faut renoncer à aller chercher les médicaments. Ah ! ces salopards veulent la guerre... eh bien, ils vont voir ce qu'ils vont voir. Rentrons vite prévenir Ludo et Luis, pour organiser la résistance ! »

Mais sa belle résolution n'était qu'une apparence pour réconforter le petit garçon. En vérité, Prune ne donnait pas cher de leur peau...

Les joues un peu plus roses, mais toujours très creusées, Graciella adressa un sourire à Ludo — son premier sourire.

*« Gracias, muchas gracias ! »*

Devant ce beau regard noir, illuminé par la reconnaissance, Ludo se sentit fondre. Puis l'adolescente se lança dans un long monologue, dans un dialecte que Ludo ne comprenait pas. Luis se chargea de traduire.

« Elle voudrait te faire un cadeau, pour te remercier de tes soins.

— C'est très gentil ! répondit Ludo, ému. Mais dis-lui bien que, pour l'instant, elle doit rester au dispensaire. Elle va être encore très fatiguée pendant plusieurs jours. Nous reviendrons ce soir, voir comment évolue sa guérison. »

« Pourvu que Prune revienne vite ! » ajouta-t-il en lui-même. Graciella avait encore besoin d'apports massifs de sérum. Sinon, ce serait la rechute, inévitablement.

L'agent de santé répéta les paroles du jeune Français ; Graciella l'écoutait avec gravité, consciente qu'elle avait échappé de peu à la mort. Puis elle tendit ses bras malingres vers Ludo, dont elle serra ardemment la main.

Touché par cette manifestation de gratitude absolue, Ludovic toussota pour ne pas laisser voir son émotion. Pas question de sombrer dans le sentimentalisme, ou il ne s'en sortirait jamais.

« Luis, commanda-t-il d'un ton bref, il faut avancer. Emmène-moi faire le tour des maisons, je veux évaluer le nombre des malades.

— A vos ordres, *doctor* ! répliqua le jeune

indigène. *Hasta luego*, Graciella. A plus tard ! »

Ils passèrent d'abord devant une grande cahute en rondins, autour de laquelle des hommes s'affairaient.

« Le second dispensaire, expliqua Luis. J'ai donné les directives ce matin pour qu'on libère une maison. Tu vois, ils n'ont pas perdu de temps ! Dès ce soir, j'espère, on pourra y installer des malades.

— Bravo, fit Ludo, admiratif. Toi, au moins, tu as le sens de l'organisation ! Mais dis-moi, où as-tu appris la médecine ?

— A Pueblo Maya, où je suis né. Là-bas, nous avions une école, une clinique, et nous vivions dans la paix... »

Un voile de tristesse couvrit le visage du jeune homme ; intrigué, Ludo voulut en savoir plus.

« Comment êtes-vous arrivés ici, au Polygone 14 ?

— C'est une longue histoire », soupira Luis.

Tandis qu'ils traversaient le camp, le jeune homme commença le récit de son enfance. De temps à autre, il s'interrompait pour entrer dans une cabane, et Ludovic examinait attentivement tous les occupants. Puis, dès qu'ils ressortaient, Luis reprenait sa narration où il l'avait laissée.

« Pueblo Maya était un petit village où vivaient une centaine de familles. Il se trouvait dans les basses terres, près de Chajul. La terre était fertile, elle donnait toutes sortes de cultures : du maïs et des haricots, bien sûr, mais aussi du riz, du café, des fruits...

— Depuis quand ta famille était-elle installée là ?

— Ce sont mes grands-parents qui ont découvert cet endroit. Pas tout seuls, bien sûr ! La Jefe faisait partie de ces colons, comme on les a appelés. La première année a été très dure. Il a fallu défricher la forêt, construire des habitations... Mais ensuite, notre petite communauté a pu vivre sans souci. Les gens n'avaient plus besoin d'aller travailler dans les *fincas*.

— Les *fincas* ? l'interrompit Ludo.

— Ce sont de grandes exploitations qui appartiennent à des Blancs. Les Indiens les plus pauvres y descendent travailler, quand la récolte ne suffit pas à les nourrir. Pour quelques *quetzales*, ils triment du lever au coucher du soleil. On leur donne à manger la nourriture des animaux, et ils dorment tous ensemble dans des grands hangars, à même le sol.

— Mais c'est de l'esclavagisme ! commenta Ludo, sidéré. Il n'y a pas de lois pour l'interdire ?

– Les lois sont faites par les Blancs... Nous, les Indiens, nous n'avons aucun droit, sauf celui de nous tuer à la tâche. A Pueblo Maya, à l'école, j'ai étudié l'histoire de mon pays. Nous sommes les descendants des Mayas, un peuple qui était très développé pour son époque ; mais quand les Conquistadores sont arrivés sur notre sol, ils ont voulu nous imposer leur civilisation, leur religion. Ils n'avaient aucun respect pour nos croyances, ils ne nous considéraient même pas comme des hommes. Aujourd'hui, ça a un peu évolué... mais les Blancs et les ladinos continuent à nous traiter comme des êtres inférieurs. »

Ludo écoutait attentivement, en croyant à peine ses oreilles. Quelle distance entre l'histoire officielle et la réalité ! Les associations humanitaires avaient encore du pain sur la planche...

« Tu comprends, reprit Luis, pourquoi mes grands-parents étaient si heureux, à Pueblo Maya. Ils vivaient entre eux, loin des hommes politiques et des militaires, nos pires ennemis.

« Quand j'étais petit, j'étais le préféré de ma grand-mère. Souvent, elle me prenait sur ses genoux et me montrait ses mains, tout abîmées, et elle me disait : “Tu vois, Luis, ces mains-là ont peiné toute leur vie. Elles ont remué la terre, fendu du bois, tressé l'osier. Ce ne sont pas des mains de reine, mais ce sont des mains de femme libre."

« Pauvre mamita... elle est morte juste après notre exil. Elle n'a pas supporté de quitter sa terre. C'est comme si on lui avait arraché une partie d'elle-même. »

Une jeune femme courut à leur rencontre. A ses gestes désordonnés et à son débit précipité, Ludo comprit qu'elle avait besoin d'eux de toute urgence. Les deux jeunes gens se hâtèrent de la suivre et pénétrèrent dans une bicoque sombre et nauséabonde. Sur une natte d'osier, un bébé emmailloté hurlait à s'en éclater les poumons. Ludo s'accroupit pour l'examiner, tandis que Luis prodiguait des paroles apaisantes à la maman.

« Depuis quand l'enfant pleure-t-il comme ça ? » demanda Ludo.

Luis, une nouvelle fois, servit d'interprète.

« Depuis ce matin. Elle dit qu'il a la colique et que, lorsqu'elle lui donne le sein, il refuse de téter.

— Pas de doute, soupira Ludo, accablé, c'est le choléra, encore une fois. Chez un nourrisson, la maladie progresse encore plus vite que chez des sujets plus âgés... Heureusement, il semble que nous prenions le mal assez tôt. Rassure cette femme et dis-lui que nous repasserons dans une demi-heure pour soigner son enfant. »

Luis lui jeta un regard désemparé.

« Mais... nous n'avons plus de sérum !

— J'ai pensé à une solution de rechange. On va préparer de l'eau bouillie, additionnée d'une poignée de sucre et de quelques pincées de sel par litre. Vous avez du sel et du sucre, dans le camp ?

— Très peu. Je vais organiser une collecte auprès des familles.

— J'espère que tu en ramasseras suffisamment. Nous ferons boire ce breuvage aux malades du dispensaire, en attendant que Prune rapporte le sérum. »

Après avoir tenté de réconforter la malheureuse mère qui se tordait les mains de désespoir, ils reprirent leur tournée. Peu de foyers étaient épargnés par l'épidémie. Devant l'ampleur du mal, Ludo avait peine à cacher son angoisse ; pourtant, il sut garder un visage serein. Affoler la population n'arrangerait rien, bien au contraire.

Sur le chemin du retour, ils firent une halte chez la Jefe. La vieille dame, occupée à trier des épis de maïs, laissa tout tomber par terre pour serrer Luis sur son cœur. A Ludo, elle fit un signe de tête poli. Prune avait vu juste : la petite-grand-mère n'était pas des plus commodes.

Elle les invita à s'asseoir sur des tabourets d'osier et leur offrit un gobelet d'atol. En quelques mots, Luis expliqua qui était son compagnon et la raison de sa présence. Puis il évoqua Pueblo Maya et invita Ludo à poser à l'aïeule les questions qu'il souhaitait.

« Tu n'as pas eu le temps de me raconter pourquoi vous aviez dû quitter votre village...

— Nous avons été chassés, répondit Luis. Les militaires ont débarqué un matin à l'aube ; ils ont menacé les gens de leurs fusils, en annonçant qu'ils nous tueraient tous si nous ne déguerpissions pas.

— Sans même donner un motif ? » s'étonna Ludo.

La vieille dame, tout en restant sur ses gardes, observait Ludo avec intérêt. Rejetant en arrière ses cheveux gris, elle se décida à parler.

« Un motif... ils en ont trouvé un. Vois-tu, *nino*, quand nous nous sommes établis à Pueblo Maya, la région n'était pas habitée, ni exploitée. Nous avons pensé que les terres n'appartenaient à personne. Mon mari, le Jefe, a entrepris les démarches nécessaires auprès des autorités, pour obtenir un titre officiel de propriété. »

Tout en écoutant le récit de la vieille dame, Ludo restait sidéré devant la qualité de son élocution : elle parlait d'une voix posée, dans un espagnol fluide et presque recherché.

« Après des mois de tractations, des

dizaines de lettres et presque autant de voyages à Coban, mon mari a finalement décroché ce précieux titre. Nous avons organisé une grande fête, pensant que ce bout de papier symbolisait la fin de nos ennuis.

« Nous avons vécu ainsi quinze ans, sans plus nous préoccuper du document officiel. Et puis, un jour, nous avons reçu une lettre qui nous apprenait que notre titre n'était pas valable ; qu'il y avait eu une méprise au moment de l'attribution du terrain ; celui-ci ne pouvait nous revenir, car l'Etat l'avait promis à des paysans ladinos sans terre.

— Mais pourtant..., objecta Ludo. Ce titre de propriété était tout à fait officiel ? »

La vieille dame secoua la tête, l'air désabusé.

« Nous l'avons cru, jusqu'au jour où un émissaire du gouvernement a débarqué chez nous. Il nous a montré un autre papier, en tout point semblable à celui que nous détenions... à une seule différence près : les bénéficiaires n'étaient plus notre petite communauté, mais des familles ladinos de Coban.

— Par exemple ! fit Ludo, abasourdi. Mais c'est de l'escroquerie !

— Peut-être, intervint Luis. En tout cas, pour nous, c'était la fin d'un rêve. Nous avions perdu notre terre promise.

— Dès cet instant, ajouta la Jefe, nous

avons vécu dans l'attente angoissée de l'expulsion. Les soldats sont arrivés un mois et douze jours plus tard, comme te l'a raconté Luis.

— Qu'avez-vous fait ?

— Nous sommes partis, abandonnant nos maisons, nos cultures. Les militaires nous couvraient d'injures, et nous poussaient de la pointe de leurs fusils. Nous avons marché vers le nord, vers les hautes terres, où nous savions que l'armée ne s'aventurait pas. Dix longues journées, nous avons voyagé, ne nous arrêtant que pour dormir quelques heures. La saison des pluies rendait la *selva* très difficile à traverser.

— Et vous avez finalement abouti ici ?

— Oui. Tout le monde était exténué, mais il a fallu rapidement se mettre à l'ouvrage, pour défricher le terrain et ensuite rebâtir des maisons. Les débuts ont été très pénibles. La boue envahissait tout, la terre ne donnait pas de bonnes récoltes.

— Mais maintenant, vous vous y êtes habitués ? »

Luis et la Jefe échangèrent un regard désolé.

« Maintenant ? répéta le jeune Indien. On ne sait même pas si on va pouvoir rester.

— Comment cela ? Ne me dis pas qu'on vous chasse encore !

— *Si, nino, si...*, confirma la vieille dame. Tu as entendu parler de Gaspar Perez ?

— Gaspar Perez ? Non, jamais.

— Un riche propriétaire, qui habite à Guate. Il possède des milliers d'hectares dans tout le pays. Oh ! il ne les exploite pas, non... mais il en détient les droits, et ça lui suffit pour pouvoir dicter sa loi. Le Polygone 14 se situe justement sur son territoire. Il prétend que ces terres appartiennent à sa famille depuis des générations.

— Il vous l'a prouvé ?

— Non, bien sûr... Mais il affirme posséder un titre de propriété officiel. Peut-être est-ce vrai, peut-être pas. De toute façon, les militaires sont de son côté. Le jour où ils viendront ici pour nous déloger, nous devrons une fois de plus émigrer vers une autre région. »

Profondément ému par la détresse de ses nouveaux amis, Ludovic se gratta la tête. Le cauchemar des Indiens était pire que ce qu'il imaginait. Le choléra, ce harcèlement de l'administration...

« Ces militaires..., dit-il soudain, frappé par une idée. Ils n'auraient pas comme chef un certain lieutenant Rodrigo ?

— Rodrigo, *si*, acquiesça la petite-grand-mère. Tu l'as rencontré ? De la racaille de la pire espèce ! Il agit pour le compte de Perez, qui doit le payer copieusement.

— Rodrigo, corrompu ? réfléchit le jeune médecin à haute voix. Oui, ça colle bien avec le personnage ! Il faudrait se plaindre aux autorités.

— A quoi bon ? dit Luis en haussant les épaules avec résignation. Dans notre pays, l'argent et le pouvoir sont solidaires, comme la feuille de maïs est attachée à l'épi. Gaspar Perez connaît tous les gens influents de Guate ; il s'est certainement assuré leur complicité en les arrosant de pots-de-vin. Nous autres, les Indiens, nous ne comptons pas. »

La vieille dame hocha la tête en signe d'acquiescement et redressa dignement le front. Ludo fut pris d'une brusque envie d'embrasser ce visage fripé, pour témoigner sa compassion. Mais, craignant que cet élan ne soit mal perçu, il se contenta de paroles encourageantes.

« Pour lutter contre vos ennemis, il faut d'abord que vous soyez en bonne santé. Je peux vous aider, en soignant le choléra et en apprenant quelques gestes essentiels à Luis. Mais il faut aussi faire connaître votre cause à l'opinion internationale. Et ça, c'est le rôle de Prune. Les photos qu'elle aura prises ici seront publiées dans *Urgences magazine*, le journal édité par notre association humanitaire.

— Tu as raison, approuva Luis. Dès que la maladie nous laissera un répit, tu me donneras des petits cours de médecine. Mais pour l'heure, l'urgence est de soigner les malades.

— On y va. J'ai promis à la mère du bébé de revenir dans une demi-heure... on a tout juste le temps. »

Il se tourna vers leur hôtesse et la salua respectueusement. Puis les deux jeunes gens se hâtèrent vers le dispensaire pour y chercher le matériel nécessaire.

A leur grande surprise, Prune les attendait, affalée sur une chaise, le visage défait.

« Ludo ! chuchota-t-elle, encore tout essoufflée. Il se passe quelque chose d'affreux... ce salaud de Rodrigo... les militaires... »

Le regard fiévreux et égaré de son amie inquiéta le médecin. Parant au plus pressé, il alla chercher un verre d'eau bouillie et un linge humide, qu'il plaqua contre son front brûlant.

« Pas de panique ! Bois ça, reprends ton souffle, et ensuite tu me raconteras tout. Je n'ai pas envie que tu me fasses une syncope ! »

Prune obéit et, aspirant de profondes bouffées d'air, elle recouvra peu à peu son calme. Quand elle fut en mesure de parler, elle expliqua en détail la scène qu'elle avait surprise dans la jungle.

« Tu vois, conclut-elle, le but de Rodrigo est clair. Il veut faire table rase du camp. Il n'y a qu'un truc que je ne pige pas. Qui sont ces mystérieux guérilleros auxquels il faisait allusion ?

— Aucune idée, répondit Ludo. Tu les connais, Luis ? »

Le jeune Indien baissait la tête, visiblement assez gêné.

« Qu'est-ce qui t'arrive ? s'impatienta Prune. Tu nous prends pour des espions, toi aussi ? »

Ludovic calma son amie d'un geste de la main.

« Non, mes amis, dit Luis en hochant tristement la tête, j'ai confiance en vous. Il y a simplement que... nous n'aimons pas trop parler de ça, dans le camp. Mais je ne vais pas vous mentir : il y a effectivement des guérilleros cachés parmi nous.

— Combien ? s'enquit Ludo.

— Une vingtaine. Ils ne sont pas bien méchants, dans l'ensemble. De pauvres paysans qui se sont laissé embrigader par le commandant Fernando.

— Commandant ? s'étonna Prune. C'est un ancien militaire ?

— Non, c'est le titre que se donnent généralement les chefs de la guérilla. Fernando est un Indien venu de Guate. Il dit qu'il sortira nos frères de leur misère grâce à la révolution. Pour lui, seule la lutte armée nous permettra d'acquérir une place dans la société.

— Un fanatique, en quelque sorte ? » questionna Prune.

Luis fit un geste qui ne voulait dire ni oui ni non.

« Disons que la violence ne lui fait pas peur,au contraire. Certains d'entre nous se sont ralliés à ses thèses. Il faut dire que, face aux brutalités de l'armée, on n'a pas de scrupules à avoir !

— Œil pour œil, dent pour dent : toujours la même histoire ! résuma Ludo. Je me demande s'ils se rendent compte que, à cause d'eux, tout le camp est en danger de mort.

— C'est exactement cela, dit Luis. Maintenant, le lieutenant Rodrigo répète partout que les Indiens du Polygone 14 sont de redoutables terroristes, assoiffés de sang.

— Un prétexte tout trouvé pour justifier un nettoyage par le vide ! » ironisa Ludo.

Tout en s'éventant avec une feuille de palme, le jeune médecin s'interrogeait. Que faire ? La mise en garde de Jean-Paul Davranche résonnait encore à ses oreilles : « Nos missions sont médicales, pas politiques ! » Mais quand des centaines de vies humaines étaient menacées... pouvait-on se croiser les bras en attendant l'heure du massacre ?

« Qu'en dis-tu, Prune ? » fit-il, espérant que l'opinion de son amie conforterait sa propre position.

Les mains croisées au-dessus de la tête, dans une posture qui signalait chez elle une intense réflexion, la jeune fille ne mâcha pas ses mots.

« Nous serions des criminels si nous restions là à nous tourner les pouces. Essayons de parlementer avec le commandant Fernando. Il se montrera peut-être moins buté que cette pourriture de Rodrigo. »

Rassuré de se sentir soutenu, Ludo n'hésita plus.

« Allons-y tout de suite ! s'écria-t-il en se levant de sa chaise.

— Vous voulez que je vous accompagne ? proposa Luis.

— Non. Tu seras plus utile au dispensaire. Commence à administrer l'eau salée et sucrée aux malades, et d'abord au bébé de cette malheureuse qui doit nous attendre impatiemment... Je te rejoindrai plus tard. Victor nous servira de guide. »

# 6
# Dans les marécages

Tandis que Luis retournait au chevet de Graciella, Prune et Ludo se mirent en quête de Victor. « Vous le trouverez sans doute chez lui, leur avait dit Luis avant de les quitter. Sa famille habite à l'entrée du village. La cabane avec une bâche jaune sur le toit. »

« Ce doit être ici, annonça Ludo en reconnaissant la description. Entrons. »

Mais à l'intérieur, ils ne virent nulle trace de Victor. Il n'y avait là qu'une fillette, assise à même le sol. Dans ses petites mains sales, elle serrait une vague figurine d'osier. Ses joues marquées de deux traînées noires indiquaient qu'elle avait pleuré récemment.

Prune s'accroupit à côté d'elle.

« Qu'y a-t-il ? demanda-t-elle d'une voix douce. Oh ! je comprends... ta poupée est cassée. Donne, je vais essayer de la réparer. »

L'une des tresses d'osier qui constituaient le corps de la poupée s'était effilochée. Patiemment, Prune reforma la natte et tendit le jouet raccommodé à l'enfant.

« Tiens, mignonne. »

L'enfant avança la main mais, au lieu de prendre l'objet, elle attrapa une mèche de Prune et attira vers elle le visage de la jeune fille. Prune n'eut pas de mal à comprendre que la fillette était fascinée par ses yeux vairons, l'un bleu et l'autre vert.

« Evidemment, déjà qu'ici les yeux clairs ne sont pas légion, avec mes yeux bicolores, j'ai de quoi l'étonner...

— Mmmh, acquiesça son ami. Ici, tu fais figure de phénomène de foire... Ils n'ont pas eu David Bowie pour s'habituer ! »

A son tour, il se baissa pour se mettre à la hauteur de l'enfant.

« Nous cherchons Victor. Tu sais où il est ? »

Intimidée, la petite fille baissa les yeux.

« Victor, répéta Prune. Ton frère... »

Lâchant la mèche de Prune, la petite fille déplia ses doigts et montra une direction. Dehors, près d'un tas de bois, les deux jeunes gens reconnurent, parmi d'autres silhouettes, le tee-shirt bleu roi de leur jeune ami.

« *Gracias, muchacha* », dit Ludo en se relevant.

Dès qu'il les aperçut, Victor lâcha sa machette, avec laquelle il fendait des bûches. Essuyant son front moite du revers du coude, il courut vers ses deux amis.

« *Señor doctor !* Tu as guéri mon frère ? Il va pouvoir bientôt chasser le tatou avec moi ? »

Diego, le cadet de Victor, était l'un des premiers malades que Ludovic avait perfusés. Sa convalescence s'amorçait de façon encourageante.

« Bientôt, oui. Mais pas avant une semaine ou deux, quand même. Tu connais la maison du commandant Fernando ?

— *Si, señor !* Tu veux que je t'y conduise ?

— S'il te plaît, oui.

— Suis-moi. »

Ils repassèrent devant le dispensaire, puis s'engagèrent dans une partie du camp qu'ils n'avaient pas encore explorée. Les cabanes, au touche-touche, leur imposaient d'innombrables détours pour se frayer un passage. Sans cesse, il leur fallait enjamber des branches élaguées, posées en contrefort pour soutenir les murs.

« Un vrai labyrinthe, observa Prune. Victor, à quoi servent ces pieux ?

— C'est pour retenir les maisons, quand le vent souffle. Quelquefois, il est très violent, et il emporte le toit, ou même la maison entière.

— Pas étonnant, quand on voit ces murs..., fit Ludo. Presque aussi fins que du papier à cigarette! Ce sont des tiges de maïs?

— *Si*, confirma Victor. De maïs, ou alors de canne. Ensuite on prend de la pita, de la fibre d'agave, et on attache toutes les tiges ensemble. Mais on peut aussi utiliser du bois... En tout cas, il faut toujours le couper à la pleine lune.

— Tiens donc! s'étonna Prune. Et pourquoi?

— Parce qu'on dit que, comme ça, les maisons durent plus longtemps. Et toi, *doctor*, elle est en quoi ta maison? »

Difficile de décrire à un gamin de la jungle ce qu'était un immeuble parisien..., se dit Ludo, embarrassé, en cherchant ses mots.

« J'habite dans un petit morceau d'une très grande maison en pierre, avec plusieurs étages. Il y a une seule porte d'entrée pour toutes les familles et un escalier en colimaçon. »

Observant Ludo qui mimait la cage d'escalier, Victor fronça le nez, perplexe.

« Mais alors... quand tu vas chercher l'eau à la rivière, tu dois monter tous ces étages? Ce n'est pas très pratique! »

Imaginant Ludo en train de grimper jusqu'à chez lui, deux seaux pleins dans les mains, Prune éclata de rire.

« Ça ne se passe pas comme ça, heureusement ! expliqua-t-elle. Dans les murs, qui sont très épais, on a installé des tuyaux, qui conduisent l'eau jusque dans les appartements. »

Effaré par ce qu'il entendait, le garçon secoua la tête.

« Alors, il pleut dans ta maison ? Comme chez moi ! »

Prune et Ludo ne purent s'empêcher de rire. Ce petit bonhomme était impayable ! Mais, à sa manière, il était plus éveillé que bien des enfants de son âge...

« Voici la maison du commandant », annonça-t-il en s'arrêtant soudain.

La bicoque, recouverte d'une plaque de tôle ondulée, ressemblait à toutes celles qu'ils avaient longées en venant — à un détail près : la porte, un assemblage de rondins, était fermée.

Prenant l'initiative, Ludo l'entrebâilla et passa la tête à l'intérieur. Des relents de tabac froid s'insinuèrent dans ses narines.

« On peut entrer ? »

Malgré la pénombre, il distingua deux silhouettes trapues ; puis deux faces apparurent, noircies par des barbes de plusieurs jours.

« Que voulez-vous ? fit l'un des deux hommes, d'un ton rogue.

— Nous aimerions parler au commandant Fernando », annonça Ludo.

La porte pivota sur ses gonds, juste assez pour laisser pénétrer les trois visiteurs. Grâce au rai de lumière qui s'était infiltré en même temps qu'eux, ils purent apercevoir le contour d'un lit, sur lequel trônait une masse aux formes humaines.

« Ferme cette porte, Miguel ! lança une voix caverneuse. Approchez, *canches*... J'attendais votre visite. »

Victor donna un coup de coude à Ludo.

« C'est à vous qu'il parle, souffla-t-il. *Canches*, ça veut dire visages pâles. »

Les deux jeunes Français firent un pas en avant, un peu intimidés par cette mise en scène ; la braise d'un cigare trouait l'obscurité, nimbant d'un halo rouge le visage de leur interlocuteur. Un visage anguleux, pris en étau entre une tignasse épaisse et une barbe drue. Et au milieu, deux yeux immenses scintillaient, comme deux perles noires suspendues en apesanteur.

D'une pichenette, l'homme projeta une cendre sur le sol poussiéreux.

« Vous êtes devant le commandant Fernando, représentant de la Révolution pour le Polygone 14 ; et voici deux de mes fidèles *muchachos*, Miguel et Juan. Quelle est votre requête ? »

S'efforçant de sourire aimablement, Ludo résuma en quelques phrases la situation. Le choléra, l'assaut imminent comploté par le lieutenant Rodriguo, il n'oublia rien.

« Commandant, conclut-il avec emphase. Vous êtes un homme responsable. Vous devez comprendre que votre présence ici met en péril la vie de centaines de personnes. Je n'ai pas d'ordres à vous donner, mais... »

Ludo n'osa pas achever sa phrase ; avec leurs mines peu avenantes, les deux guérilleros en armes, postés de chaque côté du lit, n'attendaient visiblement qu'un signe de leur chef pour chasser ces intrus. Et, malgré son apparente placidité, le commandant n'hésiterait pas longtemps avant d'utiliser la manière forte.

Le chef de la guérilla détendit ses jambes grêles, et lança à Ludo un regard perçant.

« C'est toi qui n'as pas tout saisi, *canche*. Je suis un Indien, et je défendrai la cause de mon peuple jusqu'à la mort. Le lieutenant Rodrigo et tous les autres de son espèce ne nous font pas peur. Tu voudrais que je disparaisse, afin que le camp soit épargné ? Ha ha ! tu es bien naïf ! Mes frères ont toujours courbé l'échine devant les militaires... et pour quel résultat ? Ils se sont fait massacrer ! Nous devons nous battre, exterminer ces vermines, afin que triomphe le droit des Indiens. Le sang coulera... et la révolution vaincra !

— La révolution vaincra ! » répétèrent en chœur les deux gardes du corps.

Les trois paires d'yeux rivées sur eux et les accents fanatiques des guérilleros firent frémir les jeunes Français.

« Je comprends votre détermination, dit Ludovic avec diplomatie. Mais avouez que c'est un combat perdu d'avance. L'armée est mieux armée, mieux entraînée, plus nombreuse. Un affrontement tournera inévitablement à leur avantage. Fuyez, avant qu'il ne soit trop tard !

— *Propaganda !* s'exclama Fernando, nullement ébranlé. En réalité, ils ne connaissent rien à la jungle. Nous autres, nous avons l'expérience du terrain — et une foi à soulever les montagnes ! Ces chiens sont tenus en laisse par les capitalistes... Nous, nous sommes des soldats du peuple. Des justiciers bâtisseurs d'un monde nouveau.

— Mais comment voulez-vous bâtir l'avenir sur des cadavres ? s'indigna Prune. Tous ces enfants que vous allez sacrifier, ils ne seront plus là, demain, pour profiter de vos conquêtes. Vos idéaux... c'est bien joli, mais pour l'instant, vous n'apportez que le chaos et la mort. »

Le commandant se mit à frapper dans ses mains, dans un simulacre d'applaudissement.

« Ha ! ha ! ha ! La *señorita* a la langue bien

pendue ! Mais elle ne voit pas plus loin que le bout de son petit nez ! Moi, je pense aux masses du futur. Je suis prêt à donner ma vie, pour que les générations suivantes vivent dans un monde plus pur. »

Ludo se retint de riposter. A quoi bon user sa salive ? Le commandant Fernando réfutait un à un leurs arguments. Soudain, il sentit qu'on lui tirait la manche.

« Ludo, lui glissa Prune à mi-voix, je crois que j'ai une solution. Je t'ai parlé de ma copine Amelia, au lycée français de Guate ; tu te souviens ? Son père est un type important, il pourra peut-être nous aider...

— Qu'est-ce que c'est que ces messes basses ? » tonna soudain le chef des guérilleros.

La jeune fille s'éclaircit la gorge.

« *Commandante*, le nom de Carlos Montes vous dit quelque chose ? »

A ces mots, le guérillero se dressa sur son séant.

« Montes, le préfet de Coban ? Un politicien véreux, comme tous les autres !

— Ça m'étonnerait, rétorqua Prune. Je l'ai connu il y a dix ans, il était réputé pour son intégrité. Je ne vois pas pourquoi il aurait retourné sa veste !

— Que lui reprochez-vous, au juste ? s'enquit Ludo.

— C'est un ladino et, comme tous ceux de sa race, il méprise mon peuple. Il ne mérite pas de vivre ! Nous avons décidé de l'abattre à la première occasion. »

La menace fit frissonner les deux amis ; les yeux irradiant la haine, Fernando ne parlait pas à la légère...

« Mais..., protesta Prune, je suis sûre qu'il n'a rien contre les Indiens ; par son intermédiaire, nous pourrons peut-être négocier avec les militaires. »

Fernando se leva d'un bond et écrasa son cigare d'un coup de talon. Dépliée, sa longue silhouette maigre ressemblait à celle d'un singe-araignée qui aurait enfilé un uniforme trop court. Il vint se camper en face des deux jeunes gens, les mains sur les hanches.

« Vous ne manquez pas de cran... mais vous ignorez visiblement la situation politique du Guatemala. Jamais un ladino ne prendra parti pour la cause des Indiens ! Même leurs médecins refusent de soigner nos frères. Nous sommes seuls, terriblement seuls. La diplomatie ne sert à rien. Mais la révolution nous vengera ! »

Impressionnée par cette diatribe de l'homme, Prune se rapprocha instinctivement de Ludo. Leurs regards se croisèrent. Ni l'un ni l'autre ne voyait de solution pour convaincre leur interlocuteur. Inutile de prolonger cette entrevue ; ils agiraient de leur propre chef.

« Nous allons devoir vous laisser, fit Ludo. Mais sachez que nous ne renonçons pas ! Nous trouverons une issue, avec ou sans votre aide. Si vous changez d'avis, n'hésitez pas à nous avertir. »

Prenant son amie par l'épaule, le jeune homme tourna le dos aux guérilleros et gagna la porte. Leur sortie fut saluée par un éclat de rire tonitruant. Dehors, ils retrouvèrent Victor, occupé à narguer d'un bâton une truie lymphatique.

« Retour à la case départ, soupira Ludo. Ce Fernando est un drôle de lascar. Tu as vu ses yeux de fou ? Il serait prêt à tuer père et mère, pour défendre sa cause !

— Il est aux abois et il croit que la violence réglera tous les problèmes... Tu parles ! Tant pis, on se passera de son soutien. Que dis-tu de la piste Carlos Montes ? A mon avis, c'est notre seul espoir. »

Ils firent quelques pas, bientôt rejoints par Victor, que son petit jeu avait fini par lasser.

« Peut-être..., fit Ludo, pensif. Encore faudrait-il pouvoir le contacter ! Le camp est cerné, et nous ne disposons d'aucun moyen de communication.

— Il doit bien y avoir une solution..., insista la jeune fille. Victor, tu ne connais pas un passage secret, inconnu des militaires ? »

Le gamin se gratta la tête.

« Pour aller où ? Au village, comme ce matin ?

— Non, pour Coban, cette fois.

— Coban ? Mais c'est très loin, Prunella ! Et les militaires sont postés partout. Sauf... »

Ludo et Prune retinrent leur souffle.

« Sauf ?

— Sauf en faisant un détour par le nord. Vers le Mexique. Mais il n'y a pas de chemin. Il faut marcher dans la *selva*. Très difficile.

— Tu saurais me guider ? demanda Prune.

— *Si*, Prunella ! Victor peut t'emmener partout. Avec la *machete, no problema* !

— Dans ce cas, pas d'hésitation. Quand pouvons-nous partir ?

— Pas si vite, s'interposa Ludo. Vous n'allez pas vous aventurer seuls tous les deux et risquer à tout moment de vous heurter aux soldats de Rodrigo. C'est de la folie ! »

Cessant soudain de marcher, Prune attrapa son ami par le bras. Il n'avait pas tort, elle le savait bien : l'entreprise comportait des risques énormes. Mais face à l'urgence, il fallait parfois se montrer déraisonnable... Faute de quoi, ils se feraient tous massacrer par les militaires, jusqu'au dernier.

« Ecoute, Ludo, dit-elle en le regardant droit dans les yeux. Pense à Graciella et aux autres. Leur vie ne tient qu'à un fil. Si j'arrive à rencontrer M. Montes, je pourrai me procurer le sérum dont tu manques... et, par la même occasion, dénoncer le stratagème de cet ignoble Rodrigo. Je te promets, nous serons prudents. Mais laisse-nous partir ! »

Désemparé, Ludovic se creusait la cervelle à la recherche d'une solution de rechange. Envoyer Victor avec son frère, Pedro ? Mais jamais Montes n'écouterait deux Indiens inconnus. Prune, en revanche, était une amie de sa fille. Si au moins il pouvait l'accompagner... Mais Luis ne s'en sortirait pas tout seul, face aux nouveaux cas de choléra qui risquaient de se déclarer dans les prochaines heures.

« Ludo ! Tu m'as entendue ?

— Oui, je réfléchissais. J'ai beau prendre le problème par tous les bouts, je ne vois pas d'autre issue. Tu te sens suffisamment en forme pour tenir le coup ?

— Ne t'en fais pas, fit-elle en lui prenant la main pour le rassurer. Je vais me reposer un peu, et nous partirons ensuite. Départ à quelle heure, Victor ?

— Au coucher du soleil, répondit gravement l'enfant, conscient de sa lourde responsabilité. La nuit, il fait moins chaud. Et personne ne pourra nous voir. »

Après une courte sieste chez la Jefe, qui lui avait prêté un hamac, Prune se prépara pour l'expédition. Renonçant à son jean, trop moulant, elle enfila un pantalon de toile, plus léger et plus souple. Heureusement, elle avait emporté un sacré stock de tee-shirts ! Pas moyen d'en garder un sec plus de quelques heures... De son sac à dos, elle en sortit deux : un pour le voyage, un autre pour être propre quand elle se présenterait devant M. Montes.

Quand elle fut fin prête, elle se rendit au dispensaire, pour avertir Ludo de son départ. Mais elle ne trouva que Luis, qui faisait boire un malade à la petite cuiller.

« Ludo n'est pas avec toi ? s'enquit-elle, étonnée.

— Non, il supervise la mise en place du deuxième local. Il doit être en train de distribuer de l'eau salée et sucrée, comme moi.

— Merci, » fit Prune en s'éloignant.

En chemin, elle rencontra Victor, qui la cherchait. Tous deux coururent jusqu'au second dispensaire. Comme ils ne portaient pas de masques, ils attendirent sur le seuil que Ludo ait terminé de réhydrater un malade, puis Prune fit signe au jeune médecin d'approcher.

« Nous partons maintenant, dit-elle. Si tout va bien, nous serons de retour dans deux jours maximum... »

Otant ses gants, Ludovic prit Prune dans ses bras et l'embrassa tendrement ; son front soucieux était creusé de rides profondes.

« Bonne chance, Pruneau... Et, surtout, ne prenez aucun risque inutile. Je vous attendrai en comptant les heures. »

Il donna une accolade chaleureuse à Victor, puis les deux messagers se mirent en route. Dès qu'ils eurent franchi la palissade en se glissant par une brèche, Prune alluma sa lampe torche. Devant elle, la masse compacte de la forêt se présentait comme un bouclier impénétrable. Dans le halo de lumière, des nuées de moustiques s'agglutinaient, exécutant un ballet frénétique. Elle avait eu raison de se tartiner de citronnelle, sur les conseils de Ludo. Ainsi, les insectes sanguinaires resteraient à bonne distance, au moins au début du trajet...

A l'orée de la forêt, une grosse goutte rebondit sur le nez retroussé de Prune. Puis une seconde vint se coller à ses cils. La pluie... Comme la veille, le ciel perdait les eaux. Dans quelques minutes, ce ne seraient plus des gouttes isolées, mais des trombes de pluie qui s'abattraient sur le camp. La jungle avait au moins un avantage : les innombrables couches de végétation qui s'étageaient leur serviraient de parapluie.

Ils s'enfoncèrent dans des fourrés inextricables ; Victor, en tête, dégrossissait le passage, comme d'habitude, en jouant du coupe-coupe. Seul un chuintement monotone leur rappelait l'averse qui faisait rage au-dessus de leurs têtes. Le sol, tapissé de mousses et de lichens, devenait bourbeux par endroits.

« C'est bizarre, remarqua Prune. Je ne sens pas la pluie, et pourtant, j'ai l'impression que la terre est imbibée d'eau !

— Normal ! expliqua Victor. La pluie glisse le long des feuilles ; ensuite elle coule sur le bois et elle pénètre dans la terre. Touche cet arbre. »

Prune posa sa main sur un tronc énorme, renflé comme le ventre d'une femme enceinte. L'écorce ruisselait d'une eau presque chaude.

« Incroyable ! s'exclama-t-elle. Il pleut tous les soirs comme ça ?

— En ce moment, oui. C'est la saison des pluies. Mais nous, on est contents ! Ça fait pousser le maïs ! »

Avec l'humidité qui collait à sa peau, Prune avait l'impression de respirer un air liquide, suffocant. A chaque pas, des touffes poisseuses de végétation se frottaient contre elle, tentacules verts qui ralentissaient sa marche.

A mesure qu'ils avançaient, le sol n'était plus qu'une gigantesque flaque de boue. Leurs pieds s'enfonçaient dans une matière flasque et lourde ; Prune avait l'impression de porter des semelles en plomb. Au bout d'une heure – deux peut-être, elle ne savait plus –, elle réclama une halte. Avisant une grosse pierre plate et relativement sèche, elle s'y affala et se désaltéra en buvant de longues rasades d'eau à sa gourde en peau. Puis elle s'aspergea le visage et les cheveux.

Elle ferma les yeux et respira profondément. Bien qu'armée de persévérance, elle commençait à douter. N'avait-elle pas surévalué ses forces ? Arriverait-elle indemne à Coban ?

Soudain, de petits cris suraigus la firent sursauter. Dans son dos, à quelques centimètres seulement, une colonie de bêtes indéterminées s'était mise à glapir comme une armée de déments. Terrifiée, elle bondit sur ses pieds.

« Victor, qu'est-ce que c'est que ça ? »

Le gamin braqua la lampe torche sur la pierre, d'où semblait provenir le vacarme ; une profonde faille scindait la roche en deux. Et, au fond de cette cavité naturelle, grouillaient de petites formes noires.

« Ouak ! grimaça Prune, le cœur retourné. C'est quoi ? Des rats ? des scarabées géants ?

– Des chauves-souris naines, expliqua Victor. Pas méchantes du tout. »

La curiosité l'emportant sur le dégoût,

Prune se pencha prudemment au-dessus du nid de vampires. Elle aperçut des corps velus, d'un noir lustré, qui gigotaient en tous sens. Des dizaines d'yeux, pas plus grands que des têtes d'épingles, miroitaient dans le faisceau lumineux. Une odeur de musc, presque enivrante, montait des profondeurs de l'antre.

« Déguerpissons, intima-t-elle à Victor, avant qu'il ne leur prenne l'envie de nous attaquer. Ces étranges mammifères ne m'inspirent aucune sympathie ! »

Ils reprirent leur difficile progression, émaillée de rencontres insolites. Titubant de fatigue, Prune voyait en chaque arbre une silhouette maléfique. Des lianes étrangleuses jaillissaient de nulle part pour lui sauter au cou, des racines aériennes se dressaient sous ses pas, aussi vicieuses que des collets à lapins. A plusieurs reprises, elle dut faire ralentir Victor, qui traçait imperturbablement sa voie à la machette. Mais elle ne tenait pas non plus à s'éterniser dans cet univers putride. Plus vite ils arriveraient à Coban, plus vite le cauchemar cesserait.

Soudain, le paysage changea ; devant eux, le fouillis dense s'aérait, les arbres se clairsemaient. Bientôt, le tapis moussu céda la place à une étendue d'eau bourbeuse.

« Nous entrons dans une zone de marécages, indiqua Victor. On va être obligés de la traverser, sinon, ça fait un grand détour. Je vais marcher devant. Essaie de suivre ma trace, pour éviter les trous. »

Prudemment, Prune s'engagea dans le sillage de son guide. A chaque pas, elle avait l'impression de s'enfoncer un peu plus dans l'eau noire. Son pantalon en coton, qui flottait autour de ses jambes au moment du départ, se plaquait maintenant contre sa peau, entravant ses mouvements.

Malgré ses efforts pour marcher droit, sans doute dévia-t-elle un peu de l'itinéraire que suivait Victor, car brusquement, le sol se déroba sous son pied. Elle se sentit happée vers les profondeurs, comme si la terre s'ouvrait pour l'engloutir en son sein.

« Victor, à l'aide ! hurla-t-elle, affolée, de l'eau jusqu'à la taille.

— Attends, Prunella, je vais te sortir de là », lui cria Victor en faisant demi-tour.

L'eau, à présent, lui montait jusqu'au cou. Elle se débattait comme une diablesse pour tenter de se libérer de cet étau visqueux. Peine perdue : la boue montait toujours, s'insinuant jusque dans sa bouche et ses narines.

« Reste calme, surtout, ne te débats pas ! » s'exclama Victor.

Les oreilles envahies par une vase compacte, Prune l'entendit à peine. La boue semblait vouloir traverser sa peau, l'étouffer de son étreinte asphyxiante. Chaque bouffée d'air qu'elle respirait était une victoire sur sa prison caoutchouteuse. Mais pour combien de temps encore ?

« Je remonte sur la berge, lui lança-t-il. Sinon, je risque de tomber aussi dans le trou. »

Quand il fut à pied sec, Prune le vit sauter en l'air pour décrocher quelque chose d'un arbre. Une liane ! Il allait l'utiliser comme une corde pour la tracter... Il enroula la longue tige autour de son coude, puis la fit tournoyer comme un lasso.

« Attrape ça ! »

La liane se déploya dans les airs et vint fouetter le visage de la prisonnière. Reprenant espoir, elle leva les bras pour agripper fermement le cordon salvateur.

« Accroche-toi bien ! hurla Victor. Je vais tirer. »

Arc-bouté sur le talus, le jeune Indien pesait de tout son faible poids en arrière. Sans résultat, hélas ! Plus lourde que lui, et comme retenue par des milliers de petites ventouses invisibles, Prune resta engluée dans le trou d'eau.

Accompagnant son effort de grimaces et de gémissements, Victor persévéra. Cette fois, la jeune fille parvint à s'extirper jusqu'aux épaules.

« Tiens bon, cria-t-elle. On va y arriver ! »

Mais, tout à coup, la liane glissa entre les mains de l'enfant, lui brûlant les paumes. Prune redescendit aussitôt de vingt centimètres dans la bouillie fétide. Cette fois, étouffée, épuisée, elle crut pour de bon que sa dernière heure était venue.

« *Momento !* s'écria alors Victor. J'ai une idée. »

La soudaine mollesse de la liane fit comprendre à Prune que Victor avait lâché l'autre bout. Il disparut dans les taillis, puis réapparut, ployant sous le poids d'un énorme caillou. Battant vivement des cils pour chasser la boue qui l'aveuglait, Prune le vit arrimer la pierre à la liane. Puis, imitant la posture d'un haltérophile hissant une charge, il la souleva de terre et la projeta par-dessus une grosse branche.

D'abord intriguée par son manège, la jeune fille ne tarda pas à en saisir le sens. Le système de la poulie ! Sans le savoir, Victor venait de réinventer ce procédé ingénieux, vieux comme le monde. Priant pour que la liane ne cède pas, Prune le vit s'asseoir à califourchon sur le roc ; sous l'effet de son poids, la liane coulissa, tractant péniblement la jeune fille hors du magma fangeux.

Engluée dans sa gangue marron, Prune parvint à dégager ses bras, puis son torse.

Rampant à moitié, elle s'aidait d'un coude pour s'extraire de sa geôle, serrant toujours la liane de l'autre main. Dans un ultime effort, elle se cabra pour s'arracher à l'ennemi qui la phagocytait. A quatre pattes, enfin, elle rejoignit Victor sur la terre ferme et s'affala à ses pieds.

Les jambes en coton, elle resta prostrée là, haletante, aspirant goulûment cet air qui lui rendait la vie. Elle avait l'impression que ses os avaient été malaxés, ses muscles réduits en charpie. Victor s'agenouilla à côté d'elle et lui essuya le visage d'une large feuille ruisselante d'eau de pluie.

« Ça fait du bien, non ? dit-il en lui souriant gentiment. Tu dois te reposer, maintenant, pour reprendre des forces. »

Prune toussota pour recracher la vase qui collait à sa langue. Elle avait dû avaler des litres de boue...

« Je n'y arriverai jamais, souffla-t-elle d'une voix éteinte. Je n'ai plus aucune énergie.

— Ça va passer, Prunella, assura le jeune Indien. Tu es encore sous le coup du choc. »

La jeune fille secoua la tête, découragée.

« Non, je suis vidée. Impossible d'aller plus loin. Pars tout seul, je t'attendrai ici... »

## 7

# Prune s'en va-t-en guerre

*« Alto ! Alto ! »* cria Victor en faisant de grands gestes des bras pour arrêter le véhicule qui approchait.

La route sur laquelle ils avaient débouché n'était qu'un étroit chemin de terre – mais un tapis rouge déroulé sous leurs pieds ne leur aurait pas causé plus de plaisir. Prune, qui marchait comme une somnambule, rouvrit ses yeux gonflés de fatigue. Non, elle ne délirait pas. Au loin, la forêt profilait son moutonnement sombre sur le ciel d'un bleu intense. Il faisait jour... et ils avaient réussi à traverser la jungle !

Dire qu'elle avait été à deux doigts de renoncer... Après sa chute dans les marécages, elle était prête à se laisser mourir sur place, tant l'entreprise lui semblait irréalisable. Mais Victor s'était montré extraordinaire. Lui, ce petit bonhomme de douze ans, il avait réussi à la remettre sur pied, il l'avait encouragée, rassurée... Face à son entrain et à sa bonne humeur indéfectibles, la jeune fille s'était sentie obligée de continuer, pour se montrer à la hauteur.

Victor lui avait garanti que tout s'arrangerait, une fois qu'ils auraient rejoint la piste au nord. Prune s'était raccrochée à cet espoir comme un noyé à une bouée de sauvetage, mais plus les heures passaient, plus sa foi s'émoussait. Pourtant, Victor n'avait pas menti. Ils se trouvaient désormais sur la piste — et, sur cette piste, justement, un véhicule approchait...

Une guimbarde branlante, plutôt, rectifia-t-elle en observant le tas de ferraille monté sur quatre roues qui ralentissait à présent. Mais, vu les circonstances, il lui parut plus séduisant qu'un carrosse.

« *A donde van ?* fit le chauffeur en passant la tête par sa vitre ouverte.

— A Coban », répondit Victor.

L'homme leur fit signe de monter à l'arrière. Le 4x4, vaguement aménagé pour le transport des passagers, contenait déjà une dizaine de voyageurs sur la plate-forme arrière ceinte de rambardes métalliques. Intrigués, ils observèrent sans dissimuler leur dégoût ces deux vagabonds hirsutes et crottés de la tête aux pieds. L'un des hommes, cependant, tendit à

Prune une main secourable pour l'aider à grimper à bord.

Elle le remercia d'un sourire et s'adossa contre la rampe. Victor parvint à se faufiler près d'elle, puis le tacot se mit en branle, patinant un peu dans la boue avant de démarrer.

« Tu as déjà pris un *jalon*, Prunella ?

— Un *jalon* ? C'est le nom qu'on donne à ces... comment dirais-je... ces taxis collectifs ?

— *Collectivos, si*. Moi, c'est la deuxième fois seulement. Je suis très content, je pourrai raconter à mes frères... »

Si Prune ne partageait pas l'enthousiasme de son jeune compagnon, elle ne songeait pourtant pas à se plaindre. Le vent de la course apaisait la fièvre qui lui chauffait les tempes. Dans quelques heures, maintenant, ils atteindraient leur but. Enfin, ajouta-t-elle en croisant les doigts, si le véhicule ne les laissait pas en rade...

La piste, gondolée comme une vieille poêle à frire, mettait à rude épreuve les amortisseurs déjà bien défoncés et les vertèbres des passagers. A chaque cahot, la rambarde sciait le dos douloureux de Prune. Dans les virages, que le chauffeur prenait un malin plaisir à négocier sur les chapeaux de roue, elle devait se cramponner pour ne pas basculer par-dessus bord.

Monotone et plat, le paysage défilait sous ses

yeux hagards ; les rares camions qu'ils croisaient les saluaient d'un jet de fumée noire et âcre, parfumée de l'odeur écœurante du gasoil. Ils traversèrent plusieurs hameaux étiques, écrasés par le soleil au zénith ; à près de midi, la canicule devenait intolérable. Dans le *jalon* même, les conversations s'étaient tues. Les uns somnolaient, bien qu'ils fussent debout ; les autres fixaient l'horizon, l'air absent. A bout de forces, Prune finit par piquer du nez elle aussi.

Un coup de klaxon prolongé la réveilla en sursaut. Clignant les yeux, elle mit quelques secondes à réaliser où elle se trouvait. La frimousse de Victor, accoudé à la rambarde, lui remit vite les idées en place.

« Ça alors ! On est arrivés ?

— *Si*, Prunella. Ici, c'est Coban. »

Visiblement fasciné par l'animation qui régnait dans la bourgade, le gamin avait les yeux qui brillaient. Prune ne put s'empêcher d'admirer sa résistance. A son âge, elle aurait craqué depuis longtemps.

Mais elle comprenait son excitation. Lui qui ne connaissait que le Polygone 14, il y avait de quoi lui en mettre plein la vue ! Partout, des automobiles ronflantes, des mobylettes pétaradantes, des vélos dont le cadre disparaissait sous les autocollants. Au milieu de ce trafic assourdissant, des piétons téméraires vaquaient tranquillement à leurs occupations.

Indiens et ladinos mêlés, il y avait là des transporteurs de bois, des marchands de glaces, des vendeuses de fleurs, des paysannes serrant sur le cœur une basse-cour entière... Retrouvant son œil de photographe, Prune en vint à regretter de n'avoir pas emporté son appareil.

« Aujourd'hui, c'est le jour du marché, lui expliqua l'homme qui se tenait à côté d'elle.

— Ça tombe bien ! fit-elle. Je comptais justement faire quelques emplettes. Je ne me vois pas me pointer chez M. Montes dans cette tenue. »

En séchant, la boue avait comme amidonné ses vêtements, et des craquelures se formaient aux articulations.

« Tu veux acheter des habits ? demanda Victor. Mais tu n'as pas de *quetzales* !

— Ne t'en fais pas. J'ai toujours sur moi quelques dollars, que je garde pour les cas d'urgence. *Señor*, lança-t-elle à son voisin, c'est loin d'ici, la place du marché ?

— Non, cinq minutes à pied. Au bout de la rue, vous tournez à droite et vous y êtes.

— Dans ce cas, on ferait mieux de descendre maintenant. Le *jalon* se traîne comme une limace, dans ces encombrements ! »

Victor hocha la tête et, mettant ses mains en porte-voix, il cria : « *Baja !* » à l'attention du chauffeur. Le véhicule se rangea aussitôt le long du trottoir et ils sautèrent sur le sol.

« Voilà le programme, indiqua Prune. D'abord, trouver quelque chose de propre à se mettre sur le dos. Ensuite, téléphoner à M. Montes. Après ça, on ira se laver et se reposer un peu en attendant l'heure du rendez-vous. Il doit bien y avoir des petits hôtels pas trop chers... »

Victor écarquilla démesurément les yeux.

« A l'hôtel ? On va dormir à l'hôtel ? Comme des vrais touristes ? »

Prune ne put résister à un accès de rire nerveux.

« Des touristes à la triste mine ! Dis donc, je crève de faim. Pas toi ?

— *Si*, avoua Victor en se frottant le ventre. Ça fait glou glou à l'intérieur.

— On s'arrêtera à un stand, sur le marché. D'ailleurs, on y est. Bigre, quelle cohue ! Ça me rappelle les souks marocains. »

Installées sur des nattes, à même le sol, ou sur de sommaires étals en planches, les marchandises les plus disparates attiraient l'œil par leurs couleurs bigarrées. De grands bocaux de verre contenant des jus de fruits côtoyaient de somptueuses gerbes de glaïeuls ou d'orchidées ; des paniers d'osier, suspendus à des cordes, formaient des guirlandes gracieuses, entrecoupées de bottes d'oignons rouges ou verts ; un peu plus loin, une colonne de fumée s'échappait d'une grosse marmite de *frijoles*.

Des *tortillas* cuisaient sur un *comal*, surveillées par une jeune femme qui ravivait les braises en agitant l'air avec un bout de carton.

« *Tamales!* s'exclama Victor. C'est bon... »

Prune s'approcha et commanda deux *tamales*, *tortillas* roulées et fourrées d'un hachis appétissant, puis les deux compagnons s'installèrent autour d'une petite table pour manger. Victor mordit à belles dents dans son drôle de sandwich, tandis que Prune se demandait par quel bout l'entamer.

« Nous voilà requinqués, lança-t-elle quand elle eut avalé sa dernière bouchée. Maintenant, il nous faut des fringues. »

Ils arpentèrent les allées à la recherche d'un vendeur de vêtements. Soudain, Prune tomba en admiration devant un huipile fuchsia, délicatement brodé.

« Super! C'est ça qu'il me faut. En plus, ça me fera un souvenir à rapporter à Paris. Victor, peux-tu demander à cette dame combien il vaut? »

Le prix annoncé lui parut très abordable, mais Victor parvint encore à le réduire d'un tiers. Elle choisit ensuite une étoffe noire qui, nouée grâce à une ceinture assortie au huipile, lui servirait de jupe.

Alors qu'elle sortait un billet de dix dollars de sa poche intérieure, l'Indienne entreprit de frapper violemment les vêtements. Stupéfaite, Prune se tourna vers Victor.

« Mais... qu'est-ce qu'elle fabrique ? C'est pour chasser les démons, ou quoi ? »

Victor posa la question en langue quiché et obtint une réponse qu'il traduisit aussitôt.

« Elle dit qu'elle veut pas te vendre son âme avec le huipile qu'elle a tissé. Alors elle bat le tissu pour faire sortir son âme et la faire revenir en elle.

— Vraiment ? Curieuse coutume. Remarque, ça a au moins l'avantage de chasser la poussière ! »

Munis de leurs emplettes, ils quittèrent le marché et se mirent en quête d'un hôtel.

« *Posada real*, lut Prune sur une enseigne. Auberge royale... Hmm, ça me paraît un peu prétentieux, vu sa décrépitude. Mais pour une sieste et une douche, on ne va pas faire les difficiles. »

A la réception, ils obtinrent facilement une chambre. Avant de monter, Prune demanda à utiliser le téléphone. Dans l'annuaire, elle trouva le numéro personnel de M. Montes, qu'elle composa aussitôt.

Dix... douze... vingt sonneries. La maison du préfet avait beau être grande, il ne fallait pas une heure pour arriver jusqu'au téléphone ! Découragée, elle raccrocha.

« Personne. Je vais essayer à la préfecture. Espérons qu'ils ne feront pas barrage. »

Comme elle le redoutait, il lui fut impossible

de joindre le préfet en personne. Une standardiste lui passa une secrétaire, qui elle-même lui passa une assistante, qui la fit à son tour patienter cinq bonnes minutes avant de l'informer que le préfet était en réunion.

« Mais c'est très urgent ! implora Prune. Dites-lui au moins mon nom, Prune Loiret. Je suis sûre qu'il se souvient de moi ! J'étais une amie de sa fille. »

Finalement, après d'infinies tergiversations, son interlocutrice daigna se déplacer. Mise en attente, Prune trépignait. L'administration faisait encore des siennes...

« Allô ? Vous êtes toujours là ? fit soudain la même voix aigrelette.

— Evidemment ! répliqua Prune. Alors, quand puis-je rencontrer M. Montes ?

— Vous savez, il est très occupé, minauda la femme pour la nième fois. Néanmoins, il a accepté de vous recevoir. Rendez-vous chez lui ce soir, à 18 heures 30. L'adresse est 9a Avenida 4-12. »

« 9a Avenida 4-12... On dirait que c'est là ! »

Nettement moins à l'aise dans la ville qu'au fin fond de la forêt tropicale, Victor avait suivi Prune sans un mot de la *posada* à la demeure du préfet. La jeune fille quant à elle, revigorée après sa douche et sa sieste, s'était vite repérée dans Coban. Les artères de la ville, tracées au cordeau, se divisaient en *calles* horizontales et en *avenidas* verticales. La neuvième avenue, un peu à l'écart du centre, constituait visiblement le quartier chic. Des propriétés qu'on devinait somptueuses s'abritaient derrière de hauts murs de pierre.

La maison du préfet n'était pas en reste. Après avoir poussé la grille de fer forgé, Prune et Victor se retrouvèrent au milieu d'un parc magnifique. Des palmiers majestueux, des parterres de fleurs, un gazon impeccablement entretenu... « Si seulement la jungle était aussi bien domestiquée ! » se dit Prune qui n'était pas près d'oublier sa mésaventure dans les marais.

Victor s'arrêta auprès d'un buisson d'orchidées blanches.

« *Monjas blancas*, dit-il doctement.

— Des nonnes blanches ? Drôle de nom ! Mais c'est pourtant vrai qu'elles ressemblent à des bonnes sœurs, avec leurs espèces de cornettes... »

Au bout de l'allée de gravillons, se dressait une imposante bâtisse ocre. Les fenêtres, dont les volets étaient hermétiquement fermés pour préserver la fraîcheur, s'ourlaient de balcons de fer forgé aux courbes entrelacées. Sur toute la largeur de la façade, une profonde terrasse était ombragée par une treille garnie de plantes grimpantes.

Victor émit un sifflement d'admiration.

« Pas mal, hein, comme baraque ? fit Prune, assez impressionnée elle aussi.

— C'est pour combien de familles ? demanda Victor.

— Une seule, figure-toi ! M. Montes a hérité d'une fortune colossale. Je me souviens de sa maison, à Guate. J'y ai dormi plusieurs fois, quand j'étais petite. Chaque fois, on me donnait une chambre différente ! »

Ils gravirent le large escalier de pierre et s'arrêtèrent sous la tonnelle.

« *Buenas tardes !* » lança une voix nasillarde.

Prune et Victor sursautèrent et regardèrent autour d'eux. Personne !

« Ça alors ! s'exclama Prune. Ce n'est pas banal. J'aurais juré que... Oh ! j'y suis... »

Juché sur un perchoir suspendu au berceau de la tonnelle, un splendide perroquet au plumage jaune et bleu les narguait. La tête tournée à 90 degrés, comme une peinture égyptienne, il faisait mine de regarder ailleurs, en toute innocence.

« Tu nous as bien eus, Jacquot ! » plaisanta Prune.

Soudain, la porte d'entrée de la maison s'ouvrit et un homme d'une cinquantaine d'années, très digne, apparut.

« Prune ! s'écria-t-il en prenant la jeune fille par les épaules. Quelle surprise ! Tu as bien changé, dis-moi. Je ne t'aurais pas reconnue, si je t'avais croisée dans la rue. Ou plutôt, si... on ne peut pas oublier tes yeux.

— En dix ans, j'ai un peu grandi, dit-elle en riant, un tout petit peu... Vous, en revanche, vous faites toujours aussi jeune.

— Tu me flattes... Mais entrez donc, nous serons mieux au frais. »

Le grand salon où ils pénétrèrent les frappa par son luxe et son calme. Le pauvre Victor, terriblement intimidé, ouvrait des yeux comme des boules de billard. A peine plus à l'aise, Prune observait à la dérobée ce cadre somptueux. Des lustres de cristal dégringolaient du plafond lambrissé ; les murs, tendus de drap pourpre, s'ornaient de tapisseries anciennes. Des portraits de style espagnol représentaient d'austères personnages vêtus de noir, dont les regards perçants semblaient juger les visiteurs : en somme, c'était superbe, mais pas franchement chaleureux.

Le préfet les invita à s'asseoir dans de profonds fauteuils en velours rouge, installés en arc de cercle autour d'une cheminée en pierre monumentale. Devant la frêle silhouette de Victor, engloutie dans le siège trop large, Prune faillit éclater de rire. Mais ce n'était pas le moment de jouer les gamines. Si elle voulait que Montes la prenne au sérieux, elle avait intérêt à se tenir à carreau.

Si impatiente qu'elle fût d'en arriver au vif du sujet, elle dut ronger son frein. Le préfet commença par les politesses d'usage, auxquelles elle dut se soumettre.

« J'espère que ta maman va bien. Juste après votre départ, nous avons échangé quelques lettres. Et puis, avec le temps, nous avons peu à peu perdu le contact...

— Moi aussi, confessa Prune, j'ai arrêté d'écrire à Amelia. C'est dommage, d'ailleurs. Que devient-elle ?

— Elle a suivi des études de droit. Tu te souviens peut-être que, toute petite déjà, elle rêvait de devenir avocate ? Eh bien, elle est aujourd'hui le plus jeune membre du barreau de Guate.

— Chapeau ! Mais c'est mérité. A l'école, déjà, c'était une tête. Je ne peux pas en dire autant de moi...

— Il est vrai que tu étais plutôt turbulente ! Je n'oublierai jamais cette visite mémorable au musée Popol Vuh. Tu t'étais littéralement volatilisée. Ta mère et le gardien étaient aux cent coups... »

Une jeune domestique apporta des rafraîchissements sur un plateau en argent.

« Merci, Maria », fit le préfet.

Jugeant qu'ils avaient suffisamment sacrifié aux banalités d'usage et que le moment était venu d'aborder le but de sa visite, Prune prit une profonde inspiration et se lança.

« Monsieur Montes, si je me suis permis de vous déranger, ce n'est pas seulement pour parler du passé. J'ai besoin de votre aide... »

Méthodiquement, elle entreprit de relater les événements des deux derniers jours. D'abord distrait, le préfet se fit plus attentif à mesure qu'elle donnait des détails. A la fin, quand Prune en arriva au complot ourdi par les militaires, le visage rond de Montes se décomposa littéralement.

« Mais... c'est incroyable ! Si je ne te connaissais pas, je penserais que tu te paies ma tête ! Le gouvernement vient d'entamer un processus de rapprochement avec les Indiens. L'armée a pour consigne de mettre en sourdine la lutte antiguérilla. J'en parlais hier encore avec le général Asturias, qui se trouve justement être le supérieur hiérarchique du lieutenant Rodrigo. Non, vraiment... ça paraît insensé.

— Etes-vous sûr du lieutenant Rodrigo ?

— Je n'ai pas de contact direct avec lui, mais il a toute la confiance d'Asturias.

— Parce qu'il est fourbe ! Il réussit à passer pour un officier modèle auprès de ses supérieurs... mais, par-derrière, il manigance des affaires louches avec Perez. »

Dans son fauteuil moelleux, le préfet fit un bond.

« Perez ? Gaspar Perez ?

— En personne ! Vous le connaissez ?

— Hmmm... un individu abject. En politique, c'est un ultraconservateur auquel je me suis frotté plus d'une fois. Et puis, il est connu pour être le roi du trafic d'influence. Il achète n'importe qui, à n'importe quel prix, pour servir ses ambitions. A vrai dire, il y a longtemps que j'attends l'occasion de le coincer. »

Tiraillant son menton entre le pouce et l'index, Montes semblait hésiter encore. Mais Prune le sentait bien : la partie était gagnée, désormais. Restait à trouver l'ultime argument qui emporterait la décision.

« Monsieur Montes, il FAUT que vous aidiez ces Indiens. Sans vous, des centaines de personnes vont être les victimes de ces brutes. On ne peut pas laisser faire un tel carnage ! »

De longues secondes s'égrenèrent, dans un silence lourd d'attente. Prune scrutait le visage de son hôte, qui restait impassible. Elle pensa à Amelia et regretta de ne pas être avocate, pour savoir gagner un auditoire à la force d'un plaidoyer. Soudain, le préfet aspira une longue bouffée d'air et fixa son regard sur elle.

« Ecoute, il m'est difficile de me prononcer. Je n'ai pas tous les éléments en main. Cela dit, ton histoire me trouble. Il est très probable que tu aies raison. Pour en avoir le cœur net, il faut que je me rende sur le terrain.

— Vous... vous voulez bien vous déplacer ? fit Prune d'une voix tremblante.

— Naturellement. C'est indispensable. Nous partirons demain à l'aube, en hélicoptère. Cette nuit, vous dormirez ici, tous les deux. Je vais tout de suite contacter le général Asturias, pour qu'il nous accompagne.

— Il y a autre chose, aussi, ajouta Prune sur sa lancée. Comme je vous l'ai dit, mon ami Ludovic Delcours manque de médicaments pour soigner l'épidémie de choléra. Pouvez-vous vous en procurer ? »

Le préfet la rassura d'un sourire.

« J'allais y venir. Dès que j'aurai réglé les formalités du transport, j'appelle l'hôpital pour qu'il nous fournisse du sérum de réhydratation et du Fanasil — ou un autre sulfamide s'ils n'ont pas de Fanasil. »

La jeune fille se leva et serra avec effusion les mains de Montes.

« Merci, merci infiniment. J'étais sûre que vous réagiriez ainsi, je suis heureuse de ne pas m'être trompée. »

L'homme l'embrassa sur le front, comme il l'eût fait avec sa propre fille.

« Je suis très heureux de pouvoir t'aider — et de secourir tes amis indiens. Mais ne crions pas victoire trop tôt. Nos adversaires sont prêts à tout, et la partie est loin d'être gagnée. »

La flamme vacillante de la lampe à pétrole se

rétracta sur elle-même, puis elle disparut tout à fait, engloutie par le tuyau de cuivre. « Comme si j'avais besoin d'une tuile supplémentaire ! jura intérieurement Ludo. Plus de soluté de sérum, plus de Fanasil non plus... et maintenant la lumière qui me lâche ! » Dans ces conditions, soigner les malades devenait un casse-tête insoluble. Le choléra risquait de tuer pendant la nuit les victimes les plus affaiblies. Et Graciella serait à coup sûr l'une des premières proies.

Ereinté, à bout de nerfs, Ludo s'efforçait pourtant de garder la tête froide. D'expérience, il savait que l'attitude du médecin responsable déteignait sur le reste d'une équipe médicale. De fait, Luis et ses deux aides se montraient exemplaires.

Carmela lui apporta une lampe de rechange.

« *Gracias*, chuchota-t-il. Comment va Graciella ?

— Son état se dégrade. Luis lui applique des linges humides sur le front, mais ça n'a pas l'air de la soulager beaucoup. Elle garde les yeux fermés, elle ne bouge plus du tout.

— Et sa tension ?

— De plus en plus faible. On a du mal à percevoir son pouls. »

Le cœur de Ludo se serra. Il eut une envie subite de crier, pour se rebeller contre cette injustice. Bien sûr, toute mort était intolérable... Mais Graciella était si jeune, et surtout, elle lui faisait une confiance si aveugle !

« Tu peux aller me chercher le stéthoscope ? demanda-t-il, préférant se concentrer sur du concret pour chasser ses idées noires. Le vieux Jaibo dégringole de minute en minute. »

Le vieillard ressemblait à une momie qu'on aurait extraite de son sarcophage. Sa peau, sèche et crevassée comme celle d'un iguane, semblait sur le point de craquer sous la saillie des os. A son chevet depuis plus de deux heures, Ludo tentait au moins d'apaiser ses souffrances. Pour le sauver, il était déjà trop tard.

Plaquant le stéthoscope sur la poitrine maigre et creuse, il tendit l'oreille, désespérément. Pas un son. Le thorax de l'homme restait aussi inerte et froid qu'une dalle de marbre.

« C'est fini, murmura-t-il à Carmela, debout à son côté. Il n'a pas dû souffrir, la maladie l'a pour ainsi dire anesthésié. »

D'un geste rapide, il remonta la couverture sur le visage fané.

« Il faut l'évacuer au plus vite, dit-il à la jeune Indienne. Demande à deux hommes de l'enterrer dans la fosse qui a été creusée. Surtout, qu'ils mettent des gants. Cette saloperie de bactérie reste vivace dans les cadavres. »

Ludo s'essuya le front. Son premier mort au Polygone 14... triste baptême ! Cette nuit, il y en aurait d'autres. Par dizaines. Et Prune ne serait pas là avant le lendemain matin, au mieux. Quand bien même elle aurait rempli sa mission, et réussi à se procurer des médicaments, n'arriverait-elle pas trop tard?

« *Señor* Ludo? »

La main qui se posa sur son épaule fit tressaillir le jeune médecin. Se retournant vivement, il reconnut Pedro, le frère de Victor.

« Oh, c'est toi! Mais... tu ne portes pas de masque! Il ne faut surtout pas rester ici. Sortons. D'ailleurs, un peu d'air ne me fera pas de mal. »

Dehors, ils firent quelques pas. Le camp dormait, étonnamment paisible. Seuls quelques chiens faméliques rôdaient entre les baraques, à la recherche d'une gamelle à nettoyer d'un coup de langue.

« La lune est presque pleine, remarqua Ludo. C'est bizarre... cet endroit pourrait être un havre de paix, sans les vautours qui veulent sa peau : le choléra, les militaires...

— Justement, l'interrompit Pedro. Les *militares*... je voulais te prévenir. »

Ludo fit volte-face et saisit le garçon par les épaules.

« Quoi? Il y a du neuf? Parle vite!

— Cet après-midi, quelques *niños* se sont faufilés dans la jungle. Ils ont vu arriver plein de camions de l'armée. Des tas de soldats, et des tas d'armes ! Et puis, ils ont entendu le lieutenant Rodrigo parler avec d'autres officiers. Ils prévoient d'attaquer le camp demain matin. Très tôt, au lever du soleil. »

Ludo regarda sa montre. Deux heures du matin, déjà ! Si Pedro disait vrai, dans un peu plus de cinq heures, le camp ne serait plus qu'un champ de ruines et de cadavres.

« J'espère que Prune et Victor ont pu voir le préfet, dit-il d'une voix blanche. Sinon, on est faits comme des rats. Le commandant Fernando est au courant ?

— Bien sûr, *señor* ! Il est sur les dents, comme tous ses *muchachos*. Ils ont quitté leur Q.G. et se sont retranchés au milieu du camp. Fernando a réquisitionné la maison de la Jefe. Il a transformé sa cuisine en arsenal.

— Pourvu qu'il ne tente rien cette nuit ! Il faut gagner du temps. Si tout va bien, ton frère et mon amie seront de retour demain matin. »

Pedro hocha gravement la tête.

« D'ici là, il ne nous reste qu'à prier », dit-il seulement.

# 8
# Sauvetage en frelon

« Là, à dix heures ! Le camp ! »

Au cri de Prune, tous les occupants de l'hélicoptère braquèrent leur regard dans la direction indiquée. Sur la gauche, à moins d'un kilomètre, on distinguait des taches de couleur, tranchant avec la moumoute verte de la jungle : Prune avait reconnu les bâches des cabanons.

« Tu vois, mon bonhomme, dit-elle en tapotant le genou de son petit voisin, recroquevillé sur son siège. On est presque arrivés. Dans quelques minutes, ton cauchemar sera fini. »

A peine étaient-ils grimpés dans l'appareil que l'excitation du jeune garçon était tombée. Saisi de nausées, il avait fait tout le trajet avachi, le visage livide. La pastille de menthe que le préfet lui avait offerte n'y avait rien fait. Son baptême de l'air avait pris des allures de descente aux enfers...

Pourtant, l'hélicoptère de l'armée, affrété en urgence par le général Asturias, n'avait pas montré la moindre défaillance. Partis à six heures de Coban, ils n'avaient mis que trois quarts d'heure pour relier le Polygone 14. Le voyage s'était déroulé dans un silence tendu. Le général, un homme d'une soixantaine d'années aux cheveux gris coiffés en brosse, avait à peine desserré les dents. A chaque question posée par Prune, il répondait par oui ou par non... ou simplement par une grimace expressive. Découragée, la jeune fille n'avait pas insisté.

Le préfet se pencha par-dessus l'épaule du pilote.

« Arturo, commanda-t-il d'une voix forte, nous allons survoler le camp pour évaluer la situation. Essaie de repérer un endroit pour te poser.

— Entendu, *señor*, répliqua l'homme. Je crois que j'aperçois un chemin, qui part sur la gauche du camp. C'est là que je vais atterrir. »

Le « gros frelon mécanique », comme l'avait surnommé Victor, décrivit un large cercle autour de la palissade. Sortant de sa torpeur, le petit Indien colla soudain son index au carreau du hublot.

« Regarde, Prunella, cria-t-il, affolé. Des camions... des tentes! »

Les trois autres passagers se penchèrent pour scruter la toison verte de la jungle ; le sentier, corde beigeasse tendue lâchement entre le camp et l'infini, était coupé par une colonne de camions bâchés. Des fourmis kaki gesticulaient autour, en maniant des espèces de bâtons. Mais Prune ne s'y trompa pas. Ce qui, de haut, paraissait un entraînement de majorettes était en réalité un commando armé de pistolets-mitrailleurs...

« Ma parole, souffla le préfet, abasourdi. On dirait que tu avais raison, Prune. Ce qui se passe ici n'est pas net. Arturo! Paré pour l'atterrissage? »

Le pilote acquiesça d'un signe de la tête et l'hélicoptère perdit rapidement de l'altitude. Le mouvement du rotor se fit plus nerveux, puis les patins de l'appareil heurtèrent le sol.

Prune posa pied à terre et, courbée en deux, elle courut pour s'éloigner des pales encore vrombissantes. Lorsqu'elle se redressa, elle se rendit compte qu'ils se trouvaient au cœur même du bivouac. L'armée était si omniprésente qu'elle semblait avoir repoussé la jungle pour s'installer. Les camions, parqués en travers du sentier, rendaient tout passage impossible. Il ne fallait pas être Nostradamus pour deviner ce que cachaient leurs bâches de toile kaki : des fusils, des munitions, des mitrailleuses... et puis sans doute aussi des gaz lacrymogènes, ainsi que des grenades. Bref, toute une usine à donner la mort.

L'effervescence des hommes lui fit craindre le pire. Ils étaient tous en tenue de combat, preuve que l'offensive allait débuter d'un instant à l'autre. Coiffés de casques, le fusil au poing et la cartouchière à la ceinture, ils s'interpellaient bruyamment. Certains, au volant des camions, n'attendaient plus qu'un ordre pour mettre le contact.

Deux militaires s'approchaient de l'hélicoptère. Leurs silhouettes courtaudes ne lui étaient pas inconnues... mais impossible de se rappeler où elle les avait vus ! Au village où Rodrigo les avait séquestrés ? Non... ces soldats-là étaient plus jeunes. A Coban ? Pas davantage. Alors où donc ? Tout à coup, elle se frappa le front. Naturellement ! Ces deux Cerbères étaient les comparses de Rodrigo, qu'elle avait surpris en grande discussion avec leur chef, au beau milieu de la jungle.

En reconnaissant le général Asturias, les deux sous-officiers se mirent au garde-à-vous.

« Rompez, fit celui-ci, après avoir répondu à leur salut. Nous arrivons de Coban, le préfet Montes et moi. Visite de routine... Apparemment, vous préparez une offensive. De quoi s'agit-il ? »

Un peu en retrait, Prune observait le général. Difficile de déterminer s'il jouait la comédie ou non. *A priori*, il aurait dû être au courant des manœuvres de ses troupes... puisque Rodrigo dépendait directement de lui. Derrière ses petites lunettes cerclées de fer, son regard rusé n'inspirait qu'à moitié confiance. Comment savoir s'il se payait leur tête ?

Le plus âgé des deux gradés prit la parole.

« Comment, mon général ? Le lieutenant Rodrigo ne vous a pas averti ? Dans quelques minutes, nous donnons l'assaut !

— Première nouvelle. Quel est l'objectif ?

— Nous avons pour mission de rayer de la carte le Polygone 14. Tous les hommes sont en place. Nous attendons le signal du lieutenant.

— Où est-il ? »

Les deux militaires se consultèrent du regard mais ne répondirent pas.

« Où est-il ? répéta le général, en proie à une colère froide. Il faut absolument que je lui parle.

— C'est que... euh..., bafouilla l'un des hommes.

— Nous ne savons pas, termina l'autre.

— Alors, amenez-moi son adjoint !

— Il est déjà sur le front, avec dix hommes. »

A ces mots, Prune serra les poings. Rodrigo évaporé, son bras droit aux avant-postes, prêt à donner l'assaut... Il n'y avait plus une seconde à perdre ! Et ils étaient là à palabrer avec deux sous-fifres stupides...

« Qu'on me conduise à la tente du lieutenant ! ordonna Asturias.

— Pardonnez-moi, général, intervint Prune, qui bouillonnait. Mais ça m'étonnerait que le lieutenant se cache sous sa tente. S'il ne s'est pas présenté à vous, c'est qu'il a déjà décampé ! »

Le vieux militaire la toisa comme si elle eût été une fourmi qu'il rêvait d'écraser sous son talon. Puis, sans daigner lui répondre, il se tourna vers les sous-officiers.

« Qu'attendez-vous ? Je vous ai demandé de me mener à la tente du lieutenant ! »

Les deux hommes pivotèrent sur leurs talons et ouvrirent la marche. Toute la petite troupe s'ébranla au pas de charge, Prune et Victor en queue de peloton. La jeune fille fulminait. Il fallait absolument qu'elle parle au préfet, pour lui faire comprendre l'urgence de la situation. Elle se dépêcha, pour tenter de revenir à son niveau. Mais avec l'étroite jupe achetée sur le marché de Coban, elle faisait des petits pas de Chinoise. A plusieurs reprises, elle manqua trébucher.

Son manège maladroit eut du moins l'avantage d'attirer l'attention du préfet. Laissant Asturias prendre de l'avance, il se retourna vers elle.

« Ta jupe indienne te cause des soucis, on dirait ! Alors, te voilà rassurée ? Le général Asturias a la situation bien en main, je crois.

— Vous trouvez ? fit-elle d'une voix essoufflée. Ce n'est pas mon avis ! On se fiche pas mal de mettre la main sur Rodrigo. Ce qu'il faut, c'est empêcher les soldats d'attaquer le camp.

— Bien sûr, bien sûr..., acquiesça Montes. Chaque chose en son temps.

— Mais le compte à rebours est lancé ! En l'absence du lieutenant, c'est son adjoint qui a tout pouvoir. Or il est déjà à pied d'œuvre. Qui sait si la razzia n'a pas commencé, à l'heure qu'il est ? Je vous en supplie, usez de votre influence. Convainquez le général de donner l'ordre de tout arrêter.

— Ne t'en fais pas. Je vais lui en glisser un mot. »

Le préfet rejoignit le militaire et Prune le vit engager la discussion. « Mon Dieu, faites qu'il le persuade ! » pria-t-elle intérieurement.

Ils étaient maintenant arrivés devant la tente du lieutenant. L'échafaudage de toile, kaki évidemment, se dressait entre deux arbres. On avait débroussaillé grossièrement tout autour, mais des lianes vigoureuses formaient encore un baldaquin au-dessus du refuge. Les filins de soutènement s'enroulaient autour de racines aériennes, prolongés par des pieux plantés dans le sol meuble.

Soulevant le pan de toile amovible qui faisait office de porte, le général se courba pour inspecter l'intérieur.

« Personne ! s'écria-t-il. Ah, le gredin ! »

Evitant le regard de Prune, il avisa un soldat qui transportait une caisse d'explosifs et lui fit signe d'approcher.

« As-tu vu le lieutenant Rodrigo ? »

Le jeune militaire, intimidé par les galons et le ton sévère de son supérieur, baissa les yeux.

« Je t'ordonne de répondre ! Où se cache-t-il ?

— Il a disparu quand il a entendu l'hélico, parvint à articuler l'homme.

— Ah ! le lâche, gronda Asturias. Il faut absolument le rattraper ! Dans quelle direction est-il parti ? »

D'un mouvement du menton, l'interpellé indiqua une direction approximative. Prune serra les poings, prête à exploser. Pour le retrouver dans ce labyrinthe, il faudrait un miracle ! Et puis, franchement, il y avait plus urgent.

« Général, dit le préfet, nous nous occuperons de Rodrigo en temps voulu. Pour l'instant...

— Je veux qu'on me ramène ce déserteur et qu'on le mette aux arrêts ! tonna Asturias.

— Certes, fit le préfet, conciliant mais ferme. N'oubliez pas, pourtant, l'offensive contre le camp. Sans ordre contraire de votre part, les hommes vont attaquer. Pas plus que moi vous ne voudriez avoir la mort de centaines d'innocents sur la conscience... »

La menace sous-entendue n'échappa pas à Prune — ni au général, apparemment. A contrecœur, il finit par se rendre aux arguments du préfet.

« Qu'on envoie immédiatement une patrouille sur le front ! lança-t-il aux deux sous-officiers. Voici mes ordres : stoppez l'attaque et revenez à la base. Compris ? »

Les deux hommes saluèrent en faisant claquer leurs bottes, avant de disparaître au petit trot. Le général se tourna alors vers Prune.

« Bien, vous êtes satisfaite, j'espère. Grâce à moi, une erreur vient d'être évitée. »

Sur ce, il tourna les talons, laissant la jeune fille estomaquée.

« Une erreur, il en a de bonnes ! fulmina-t-elle. Une erreur, ça se répare. Mais quand on massacre des populations entières, difficile de raccommoder les morceaux ! »

Le préfet lui tapota l'épaule d'un air paternel.

« Allons, allons, ne parle pas de malheur, puisque tout s'arrange... Maintenant que cette question est réglée, passons à notre deuxième mission : faire parvenir les médicaments à ton ami Ludovic. »

Prune hocha la tête. M. Montes avait raison. Inutile de croiser le fer avec le général Asturias. Il ne valait sans doute guère mieux que ses semblables, mais au moins, il avait débloqué la situation. L'urgence était maintenant de convoyer les cartons empilés dans la soute de l'hélicoptère jusqu'au dispensaire.

« Voilà ce que je propose, reprit le préfet. Le camp ne doit pas être à plus d'un kilomètre d'ici. Victor, toi et moi, nous allons y entrer à pied, escortés par des soldats qui porteront le chargement de médicaments. »

Prune fronça son petit nez. Ce plan apparemment simple ne dissimulait-il pas une stratégie secrète ? Une fois dans la place, entouré de militaires, Montes serait en position de force pour arrêter les guérilleros. Car il était un politique, elle ne devait pas l'oublier ! Et même s'il compatissait au sort des Indiens, sa clémence n'irait sans doute pas jusqu'à épargner les révolutionnaires. Toute l'affaire risquait de se terminer dans un bain de sang.

« Ecoutez, commença-t-elle poliment, il serait plus facile que j'y aille seule avec Victor. Je ne suis pas certaine que...

— Ah, non ! la coupa M. Montes. Je tiens à me rendre sur place en personne. Je ne t'en ai pas encore parlé, mais j'ai une bonne nouvelle à annoncer aux habitants du Polygone 14.

— Une bonne nouvelle ? s'étonna Prune.

Vous voulez dire l'annonce que les militaires ne vont pas attaquer ?

— D'une part, oui. Mais ce n'est pas tout. Ecoute, je voulais garder la surprise, mais puisque tu insistes... J'ai appelé Gaspar Perez, hier soir, quand tu dormais. J'ai fini par lui faire cracher la vérité. »

Intriguée, Prune fronça les sourcils. Ce qu'allait dire Montes était certainement de la plus haute importance. Mais, d'un autre côté, chaque minute passée à discuter était perdue pour les malades de Ludo.

« Dites vite ! implora-t-elle. Il a avoué ses magouilles ? »

Le préfet eut une moue hésitante.

« Pas clairement, bien sûr. Ce genre de requin ne s'avoue jamais vaincu... Toutefois, j'ai vu clair dans son jeu. En deux mots, voilà comment il a opéré. Tu sais qu'il prétend posséder un titre de propriété sur le territoire qu'occupent les Indiens ? En réalité, ce titre m'a tout l'air de ne pas exister. Il semble avoir soudoyé l'administration pour arracher ce papier.

— Mais pourquoi ? demanda Prune, ébahie. Ces terres sont à peine cultivables... Je ne vois pas quel profit il compte en tirer !

— Le pétrole, mon petit, le pétrole... L'or noir. Il y a quelques années, on a laissé courir le bruit que cette région recelait des gisements pétrolifères importants. Aussitôt, une foule d'hommes d'affaires véreux a voulu acquérir des parcelles. Voilà pourquoi Peres s'est battu bec et ongles pour avoir ces terres. Il a obtenu un titre — faux, mais officiel. Restait à déloger les occupants.

— C'est là qu'intervient le lieutenant Rodrigo, je suppose ?

— Exactement. Peres lui a promis un pourcentage sur ses gains s'il parvenait à le débarrasser des Indiens. Tu connais la suite. »

Prune secoua la tête, écœurée et révoltée. Elle ne comprenait que trop bien, à présent... Tout s'imbriquait à merveille, mais le résultat ne donnait pas de l'humanité une image flatteuse.

« Quels monstres ! s'écria-t-elle. Comment l'avez-vous persuadé de renoncer ?

— Ça n'a pas été facile, tu peux me croire. Pour être franc, j'ai dû employer des méthodes que je réprouve... Ce n'est pas la première fois que Peres flirte avec l'illégalité. Mais, cette fois, pas question de fermer les yeux. Je l'ai averti que, s'il ne mettait pas un terme à tout cela, je le menais devant un tribunal. Et comme il n'est pas idiot, il a compris le message. »

Malgré l'importance de ces révélations, Prune sentait l'impatience la gagner. Ludo avait besoin d'elle... les confidences du préfet, après tout, pouvaient attendre quelques heures, d'autant plus qu'elle savait l'essentiel, à présent.

« Vous parliez d'une bonne nouvelle... De quoi s'agit-il ?

— J'y arrive. Peres a fini par céder. Il renonce à briguer le territoire occupé par les Indiens. »

Assis sur une caisse de munitions, Victor était absorbé par une tâche minutieuse : tailler un bout de bois avec sa machette. Mais lorsqu'il entendit les derniers mots du préfet, il lâcha tout et se leva d'un bond.

« *Que, señor ?* Tu dis que nous pouvons rester dans le Polygone 14 ? Nous ne sommes pas chassés ?

— Non, vous pouvez vous considérer chez vous, désormais. Personne ne viendra plus vous importuner. Je m'en porte garant. »

Surexcité, Victor sauta littéralement au cou du préfet, qui commença par reculer, interloqué, puis partit d'un rire un peu forcé.

« *Vamos*, Prunella ! s'écria le jeune Indien. Je veux annoncer tout de suite la nouvelle à Pedro, à Luis, à...

— Ce jeune homme a raison, dit le préfet. Nous allons demander à quatre soldats de nous suivre. Ils porteront les médicaments et...

— Monsieur Montes, fit Prune avec autant de tact qu'elle put, je crois vraiment qu'il est préférable que vous restiez ici. Malgré vos intentions pacifiques, vous représentez, aux yeux du commandant Fernando, le régime qu'il veut abolir... Il nous a même avoué que vous figuriez en tête de sa liste des personnalités à abattre. En vous voyant arriver, escorté par des soldats, il risque de donner l'ordre à ses hommes de tirer... »

Le préfet se raidit.

« Il faut pourtant que je leur annonce la nouvelle !

— Je me ferai votre porte-parole, si vous le souhaitez. Ou alors, nous reviendrons vous chercher, plus tard. Le plus urgent, c'est d'apporter les médicaments. »

Montes se gratta le menton, perplexe. Visiblement, la perspective de rester sur la touche ne lui plaisait pas trop.

« Justement ! reprit-il soudain. Les médicaments... à vous deux, vous ne pourrez jamais tout porter.

— On va déjà emporter ce qu'on peut. Dès que nous aurons atteint le camp, nous enverrons de jeunes Indiens pour récupérer le reste. Vous pourrez venir à ce moment-là.

— Entendu, répondit le préfet, apparemment convaincu. Tu as raison, il ne faut pas provoquer les guérilleros. Partez tout de suite, nous n'avons que trop tardé. Et bon vent ! »

Lestés chacun d'un colis de dix kilos, Prune et Victor caracolaient pourtant d'un bon pas. Le petit Indien avait accroché sa machette à sa ceinture, et Prune remonté sa jupe-fourreau au-dessus des genoux. Sur le sentier en terre, la marche était largement plus confortable qu'en pleine jungle.

Au bout de dix minutes à peine, ils arrivèrent en vue de la palissade. Deux hommes armés montaient la garde, mais Prune ne reconnut pas les uniformes de l'armée.

« C'est une patrouille d'autodéfense, expliqua Victor. Ils vont nous laisser passer.

— Restons quand même sur nos gardes... On dirait bien que les ordres du général ont été transmis et que les militaires se sont repliés... Mais on ne sait jamais. Ils sont peut-être tapis dans les fourrés. »

A pas de loup, ils franchirent les derniers mètres qui les séparaient du camp. Les deux vigiles postés à l'entrée les dévisagèrent puis, reconnaissant Victor, ils leur firent signe de passer.

« Victoire ! s'exclama allègrement Prune en saisissant la main de son petit compagnon. On a réussi, tu te rends compte ? Je pense que Ludo sera fier de nous... Allez, courage. Un petit sprint final, et on y est ! »

Oubliant, dans leur impatience, le poids des médicaments, ils traversèrent le camp au galop, dans un ultime effort. Sur leur passage, les Indiens levaient la tête, surpris d'abord. Puis des cris fusèrent, des mains se tendirent. Deux jeunes gens se précipitèrent sur eux pour les décharger de leurs paquets et coururent avec eux.

Une femme se jeta littéralement aux pieds de Prune et prononça des paroles ferventes, entrecoupées de sanglots de joie.

« Hé ! doucement, protesta la jeune fille, gênée et amusée à la fois. Je ne suis pas le messie, tout de même. »

Elle aida l'Indienne à se relever et celle-ci, pleurant toujours, se joignit au cortège. En passant devant la maison de la Jefe, Prune reconnut la silhouette maigre et voûtée de la petite-grand-mère. Très raide, celle-ci s'avança vers eux et, malgré son impatience d'arriver, Prune jugea bon de s'arrêter un instant.

La Jefe prit les mains de la jeune fille dans ses paumes rugueuses et se prosterna pour les embrasser. Puis elle se releva, ses yeux noirs brillants d'émotion.

« Au nom de toute la communauté, je te remercie, *niña*. Tu as risqué ta vie pour nous et ça, nous ne l'oublierons jamais. Demande-moi ce que tu voudras, je ferai tout pour l'obtenir.

— Je ne veux rien, répondit Prune, profondément émue. Ou plutôt, si ! Une explication... pourquoi m'avez-vous embrassé les mains ?

— C'est ainsi que les Indiens rendent hommage à leurs bienfaiteurs. Le baiser sur les mains est un rite religieux, que l'on réserve aux personnes très saintes. »

La jeune fille éclata de rire.

« Moi, une sainte ? s'esclaffa-t-elle. Je ne crois pas que ce soit l'avis de tout le monde ! Pour Ludo, je ne suis qu'un petit démon impossible. »

En entendant prononcer le nom de Ludo, le visage ridé de la petite-grand-mère s'éclaira.

« Tu parles de ton ami médecin... lui aussi est un saint. Depuis ton départ, il n'a pas dormi. Il est resté à veiller les malades sans faiblir. Va vite le retrouver, maintenant. Il a besoin de toi. »

Prune ne se fit pas prier. Mais lorsqu'elle arriva sur le seuil du dispensaire, elle perçut brusquement un changement d'atmosphère. On était bien loin de l'agitation joyeuse que leur arrivée avait soulevée dans le camp... Il régnait là un silence pesant. En poussant la porte, elle fut assaillie par une puanteur fétide. Dans la pénombre, des formes masquées et gantées s'affairaient, titubantes de fatigue.

« Luis ! » chuchota la jeune fille, en reconnaissant le jeune agent de santé, malgré son masque.

Le regard fiévreux du jeune homme s'illumina dès qu'il aperçut Prune. Il se précipita vers elle et l'attira au-dehors. Là, il laissa libre cours à sa joie en la serrant sur son cœur.

« Enfin, te voilà ! *Magnifico !* Tu as réussi...

— Oui, dit-elle, un peu surprise par cette manifestation inattendue. Grâce à Victor, entre autres. Mais vous ? Où en êtes-vous ? Les médicaments n'arrivent pas trop tard ? »

Le visage du jeune homme s'assombrit.

« La maladie a tué deux fois, cette nuit. Un vieillard et un enfant. Et puis, de nouveaux cas se sont déclarés... Mais maintenant, on va pouvoir les soigner.

— Où est Ludo ?

— Au chevet de Graciella. Il n'a pas fermé l'œil depuis quarante-huit heures. Quel courage ! Sans lui, nous aurions tous baissé les bras.

— Emmène-moi vite auprès de lui. »

Faisant signe aux porteurs de la suivre, elle se hâta avec Luis jusqu'à l'autre dispensaire. A l'entrée, elle s'équipa d'un masque et de gants, puis courut jusqu'à Ludo, accroupi au pied du lit de Graciella. Très pâle, ses boucles châtain clair collées par la sueur, il leva vers elle un visage mangé par deux profonds cernes noirs.

« Oh ! c'est toi..., fit-il en grimaçant un sourire. Tu as le sérum ? »

Un peu décontenancée par la froideur de cet accueil, Prune se contenta de hocher la tête. Dépliant ses longues jambes, Ludo se releva.

« Où sont les flacons ? dit-il d'un ton bref. Il

faut perfuser tout de suite Graciella. Elle s'étiole de minute en minute. Cela fait deux heures que nous n'avons plus ni sucre ni sel pour la réhydratation.

— Sa peau est toute bleue, constata Prune.

— C'est la cyanose. Son sang n'est plus suffisamment oxygéné. Reste auprès d'elle, je vais préparer les perfusions. »

Il s'éloigna d'un pas mal assuré, laissant Prune et Luis au chevet de la malade. En silence, la jeune fille fixait le visage décomposé de la petite Indienne. Sa peau s'était fripée, lui donnant l'aspect d'une tête réduite des Indiens Jivaros.

Après la décharge d'adrénaline qui l'avait soutenue pendant toues ces heures de course contre la montre, Prune succomba soudain à l'abattement. Vacillant sur ses jambes, elle dut s'asseoir à même le sol pour ne pas s'écrouler. Elle se sentait vidée, prête à fondre en larmes. Et dire que Ludo l'avait à peine félicitée...

« Regarde ! Elle rouvre les yeux ! »

En deux heures, Luis et Ludo avaient réalisé un vrai miracle collectif : les quelque trente malades du dispensaire avaient été placés sous perfusion. Carmela et Maria, chargées des injections de Fanasil, avaient piqué à tour de bras avant de filer vers l'autre dispensaire. Non seulement la maladie ne progressait plus, mais elle commençait même à perdre du terrain.

Assis sur le bord du lit, Ludo prit le pouls de Graciella.

« Ce n'est pas encore très brillant, dit-il à Luis, debout à son côté, mais on est sur la bonne voie. »

Les marbrures bleues sur la peau de la jeune Indienne s'étaient estompées. Ses membres, encore gourds, reprenaient pourtant un semblant de vigueur. Surtout, son visage, jusqu'alors sans expression, s'animait enfin. Elle posa sur Ludo un regard un peu perdu et ébaucha un sourire.

« Comment te sens-tu ? lui demanda-t-il d'une voix douce.

— *Cansada* », articula-t-elle.

Aux oreilles de Ludo, ce filet de voix résonna comme un chant de victoire.

« Tu es fatiguée, hein ? Rien de plus normal. Dors, maintenant. Je reviendrai te voir tout à l'heure. »

Il caressa le front apaisé de l'adolescente, puis se releva. Malgré toute sa tendresse pour elle, il ne pouvait lui consacrer plus de temps. Graciella était sur la bonne voie... ce qui n'était pas le cas de tous les autres malades.

Il rejoignit l'agent de santé qui raccordait un tuyau de perfusion sur une poche de sérum pleine.

« Luis, dit-il, je te laisse ici. Moi, je vais voir où en sont les soins au second dispensaire. En cas d'urgence, fais-moi appeler. »

Il s'éloigna à grands pas vers la porte, puis rebroussa chemin.

« Au fait, demanda-t-il à Luis, où est passée Prune ? Ça fait un moment que je ne la vois plus.

— Elle est allée se reposer et prendre quelques photos.

— Ah ? s'étonna Ludo. Elle aurait pu me prévenir, tout de même. »

Luis afficha un large sourire qui creusa deux fossettes aux commissures de sa bouche.

« Je crois qu'elle était un peu fâchée contre toi. A ta place, j'irais vite la consoler... »

# 9
# Adios, Rodrigo !

La consoler...

En quittant le dispensaire, Ludo songeait aux dernières paroles de Luis. D'accord, il ne s'était peut-être pas montré très affectueux, au retour de Prune. Mais on n'allait pas en faire une affaire d'Etat ! Avec un peu de jugeote, elle aurait compris qu'il était obnubilé par ses malades – Graciella entre autres...

Tout de même, il faudrait qu'il lui fasse ses excuses. Elle avait dû en baver, pour arriver jusqu'à Coban. Et il est vrai qu'il n'avait même pas pensé à la féliciter pour son cran.

En traversant le camp pour se rendre jusqu'au second dispensaire, il chercha Prune des yeux. Mais en ce milieu d'après-midi, chacun semblait s'être terré chez soi à cause de la canicule. Pas plus de Prune aux alentours que de prunes sur un pommier ! Sans doute une famille lui avait-elle offert l'hospitalité et un hamac pour piquer un petit somme.

Renonçant à la chercher plus longtemps, il se hâta vers le bâtiment où l'attendaient ses malades. Grâce aux efforts assidus de Carmela et Maria, la puanteur avait presque disparu. On était encore loin des salles aseptisées des hôpitaux parisiens, mais au moins, les règles élémentaires d'hygiène étaient respectées.

Après une rapide inspection des lieux, Ludovic fit le point avec les deux « infirmières ».

« Bravo, vous avez fait du bon boulot. Les piqûres de Fanasil sont terminées ?

— Oui, *señor*.

— Combien d'ampoules vous reste-t-il ?

— On vient de recevoir un gros stock, expliqua Maria. Mon frère et mon cousin sont allés chercher des caisses dans l'hélicoptère, à la demande de ton amie. »

En entendant ces derniers mots, Ludo pâlit.

« Prune est retournée dans la forêt ?

— Non, c'est Victor qui les a guidés jusqu'au préfet. *El señor* Montes, je crois.

— Bon. En tout cas, ils sont revenus sains et saufs, c'est l'essentiel. Vous avez des questions à me poser ?

— Pour les perfusions..., commença Carmela. Ça fait presque quatre heures qu'on les a posées. Combien de temps faut-il continuer ?

— Tout dépend de l'état des malades. Suivez-moi, nous allons faire le tour des lits. Je vous indiquerai pour chacun ce qu'il... »

Soudain, une tornade brune fit irruption dans la pièce. Echevelée, son corsage aussi mal en point que si elle avait traversé un ouragan, une femme fondit sur Ludovic.

« *Señor medico !* hurla-t-elle. *Señor medico, por favor !* Venez vite ! »

Gardant son calme malgré la surprise que lui causait cette intrusion, Ludovic tenta de se dégager de l'étreinte de l'inconnue. Ses ongles lui lacéraient la chair et elle le secouait avec frénésie, comme si elle avait voulu réveiller un mort. Dans ses yeux exaltés, le jeune pédiatre lut une peur panique qu'il tenta d'apaiser par des mots rassurants.

« Allons, *señora*, reprenez vos esprits. Que vous arrive-t-il ? Vous souffrez ?

— Non, non, pas moi ! haleta la femme. Mes trois *niños*... malades, très malades. »

Ludovic fronça les sourcils. De nouveaux cas de choléra ? Il avait pourtant visité une à une toutes les maisons du camp, et localisé les foyers d'infection. Aurait-il fait un mauvais diagnostic pour les enfants de cette malheureuse mère ?

« Décrivez-moi leurs symptômes », fit-il, intrigué.

Comme la femme ne semblait pas comprendre, il changea de vocabulaire.

« Vos enfants... où ont-ils mal ? De quoi se plaignent-ils ? »

Lâchant enfin le tee-shirt de Ludo, elle décrivit un large cercle avec le bras.

« Comme eux, là. Tout pareil !

— Hmmm ! Ce n'est pas très précis, fit le jeune médecin. Vous ne pouvez pas m'en dire plus ? »

La femme parut se concentrer, comme si elle cherchait ses mots.

« *Sangre*, fit-elle. *Y fiebre. Mucha fiebre !* »

Des hémorragies et de la fièvre, traduisit Ludo. Bizarre ! Ce n'étaient pas du tout les symptômes du choléra. Quoi, alors ? Des troubles digestifs, avec vomissement de sang ? Ou, plus grave, une fièvre typhoïde accompagnée de méléna ? Dans tous les cas, il fallait agir vite. Le comportement de la femme ne lui inspirait pas vraiment confiance... mais elle n'avait aucune raison de se payer sa tête.

« Pourquoi ne les avez-vous pas amenés ici ? insista-t-il.

— Pas possible ! s'exclama-t-elle en roulant des yeux furieux. Ils sont couchés, pas capables tenir debout. »

Si elle disait vrai, la maladie, quelle qu'elle soit, en était déjà à un stade avancé. Malgré son programme déjà chargé, Ludo ne pouvait faire la sourde oreille.

« Je vous suis », dit-il en ôtant son masque et ses gants.

Il eut tout juste le temps d'attraper sa trousse de secours, et la femme lui saisit le poignet pour l'entraîner au-dehors. Comme la veille, le ciel se couvrait. Des nuages noirs et gonflés s'amoncelaient au-dessus du camp, prêts à exploser comme des outres trop pleines. Et pas le moindre souffle de vent pour les déloger. Bientôt, la nuit allait tomber. Devant les masures, les femmes allumaient déjà les feux de brindilles, censés éloigner les moustiques. Mais, par temps d'orage, les insectes redoublaient d'ardeur. Il aurait fallu incendier toute la forêt pour décourager ces colonies voraces.

Ils repassèrent devant le premier dispensaire, et Ludo hésita à s'arrêter pour prévenir Luis. Mais la course folle dans laquelle l'entraînait sa compagne ne lui en laissa pas le loisir. D'ailleurs, Carmela et Maria se débrouillaient très bien seules et, en cas de problème, elles savaient où trouver l'agent de santé.

Ils arrivaient à la lisière de la forêt quand, enfin, la femme montra du doigt une cabane.

« *Aqui, casa mia.* »

Avec son toit de tôle rouillée et ses tiges de canne mal jointes, la bicoque ressemblait à un hangar abandonné plus qu'à une habitation. Mais ce qui frappa Ludo, ce fut la porte close. Dans le camp, il n'avait vu jusqu'à présent qu'une seule baraque dont la porte ne fût pas ouverte à tous vents — celle du commandant Fernando. Etait-ce une coïncidence ?

La femme referma la porte et se posta devant, comme en sentinelle. A la lueur jaunâtre d'une chandelle, Ludovic distingua trois petites formes recroquevillées au milieu de la pièce. Assis sur une natte râpée, des gamins en bas âge le dévisageaient. La benjamine, une fillette de quatre ans à peine, était secouée de sanglots violents comme des hoquets. De ses petits poings fermés, elle tentait d'essuyer ses larmes, imprimant sur ses joues des traînées noires semblables à des peintures de guerre. Son frère aîné, maigre comme un clou, lui caressait tendrement la tête, mais sans succès. Dans son regard vide et figé, Ludovic reconnut la même angoisse que chez les enfants battus.

Quant au cadet, les genoux collés au corps, il promenait ses yeux immenses du jeune médecin au rideau immobile qui cachait sans doute la cuisine.

Tout en observant attentivement le comportement des enfants, Ludo réfléchissait. L'histoire racontée par la femme lui paraissait de plus en plus louche. Les gamins ne tenaient certes pas une forme olympique, mais ils n'étaient pas positivement malades. Ils semblaient plutôt terrifiés, paralysés par la peur — mais la peur de quoi ? Mystère... Et pourquoi l'Indienne restait-elle plaquée contre la porte, comme pétrifiée elle aussi, au lieu d'aller consoler sa fillette ? En tout cas, ce n'était pas un médecin qu'il fallait dans cette maison.

« Franchement, madame, dit-il en se retournant, je ne vois pas ce que je peux faire pour vos enfants. Mais puisque je suis là, je vais quand même les ausculter. »

Il se baissa pour fouiller dans sa trousse de secours et en sortit son stéthoscope. Soudain, une ombre colossale, figure grotesque déformée par la flamme tremblotante de la chandelle, se profila sur le mur. On aurait dit le bec monstrueux d'un toucan, ou encore une ogive de missile nucléaire.

Levant les yeux, Ludovic se figea sur place, glacé d'effroi. Un bras tendu sortait du rideau défraîchi, terminé par un Colt 45 de l'armée américaine. Un doigt sur la détente, le tireur masqué visait les trois enfants, cible parfaite et docile.

« Qui êtes-vous ? cria Ludo. Lâchez cette arme immédiatement ! Vous ne voyez pas que vous terrorisez ces pauvres gamins ? »

Un rire gras envahit la pièce. Le sang de Ludo se glaça. Ce rire... non, c'était impossible ! Et pourtant, il lui semblait bien reconnaître ce timbre rocailleux, inimitable.

« Montrez-vous, espèce de lâche ! s'écria-t-il, la peur cédant la place à la colère. Vous ne me faites pas peur, avec votre pistolet ! Vous n'êtes qu'un soldat de pacot... »

Le reste de sa phrase resta coincé dans sa gorge. Soldat ? Pourquoi avait-il employé ce mot ? A cause de la manche kaki qui dépassait du rideau, bien sûr. La manche d'un uniforme... ainsi, il avait vu juste.

« Inutile de faire durer le suspense, lieutenant, je vous ai reconnu. »

L'étoffe délavée se souleva lentement, pour laisser apparaître la face chafouine du lieutenant Rodrigo. Pas rasé, sa moustache retombant en accent circonflexe autour de sa bouche, il était moins fringant qu'au camp de Playa Grande, quand Ludovic l'avait rencontré pour la première fois. Son uniforme fripé et déchiré aux coutures lui donnait un air de desperado aux abois.

« Ha ! ha ! ricana-t-il, en braquant son arme sur le jeune médecin. Tu veux faire le malin, hein ? On verra si tu plastronneras autant quand je t'aurai transpercé de quelques balles. »

Ludovic recula d'un pas et jeta un coup d'œil furtif en arrière. La femme n'avait pas bougé. En croisant son regard lourd de reproches, elle baissa les yeux. Le fumier ! jura-t-il intérieurement. Il comprenait, à présent, la panique de cette pauvre femme. Le lieutenant Rodrigo avait pris ses enfants en otage, et lui avait ordonné de ramener le médecin français au plus vite...

« Pourquoi moi ? se dit-il encore. Il n'a pas l'air souffrant... Ou plutôt, si ! il est devenu complètement fou. Mais je ne suis pas psychiatre. C'est donc qu'il a besoin de moi, pour une raison que j'ignore. » C'était là un indice qui pouvait se révéler capital...

« Que me voulez-vous ? demanda-t-il de but en blanc. J'ai du travail au dispensaire, vous savez. Si personne n'est malade ici, ma présence n'est pas utile. »

Comme il s'approchait de la porte, Rodrigo le rattrapa par l'épaule et agita son Colt.

« Tout doux, l'ami ! Tu ne vas pas nous fausser compagnie si vite. D'ailleurs, ce joli joujou te convaincra de rester, si mes paroles ne suffisent pas ! Assieds-toi, tu seras plus à l'aise.

— Merci, je suis très bien debout.

— Assieds-toi, c'est un ordre ! » aboya l'homme.

Sous la menace du pistolet, Ludo dut s'exécuter. Il prit place au milieu des enfants, espérant que sa proximité allait les rassurer. Tremblant de tous leurs membres, les trois gamins gardaient la tête baissée.

« Enfin, tu te montres raisonnable, dit Rodrigo tout en se curant une dent du bout de l'ongle. Maintenant, on va pouvoir parler tranquillement.

— Je n'ai rien à vous dire.

— Alors, tu vas m'écouter. Dès que la nuit sera tombée, nous partirons vers le nord. Avant le jour, nous aurons gagné la frontière mexicaine et...

— Nous ? fit Ludo, qui craignait de comprendre. Vous voulez dire, vous et moi ? »

Le lieutenant hocha la tête avec une admiration moqueuse.

« On ne peut rien te cacher ! Vois-tu, je n'aime pas la solitude. J'ai pensé que tu me tiendrais compagnie. »

Ludovic rongeait son frein. Le militaire se fichait de lui. Le jeune homme commençait à comprendre son plan, mais il voulut en avoir le cœur net.

« Vous savez comment on appelle les gens

comme vous ? Des déserteurs. Mais ne comptez pas sur moi pour vous servir de complice. »

Soudain, le lieutenant changea de figure. Le sourire faussement placide qu'il affichait jusqu'alors se mua en une grimace haineuse.

« Assez bavassé ! Tu n'es pas mon complice, mais mon otage, comme ces enfants et leur mère. Je n'aurai aucune pitié pour toi ! D'ailleurs c'est bien ta faute si j'en suis réduit à fuir.

— Ma faute ? Ça, c'est la meilleure ! protesta Ludo, éberlué.

— Parfaitement ! Toi et cette teigne de photographe. Ah ! celle-là, si je la retrouve... C'est elle qui a trouvé la piste du Polygone 14. Elle qui a rameuté le préfet et le général Asturias... Mais puisqu'elle n'est pas là, tu vas payer pour elle... »

Prune ! Ce seul nom fit oublier à Ludo le danger qui le menaçait. Il n'avait aucune nouvelle d'elle depuis plusieurs heures. Elle pouvait fort bien être tombée dans un guet-apens, tout comme lui... Imbécile qu'il était ! Ou plutôt vaniteux. Qu'était-il donc allé s'imaginer qu'elle boudait, elle dont le record de mauvaise humeur n'avait jamais pu excéder les cinq minutes ? Si elle n'avait pas réapparu, cela signifiait certainement qu'elle s'était fait kidnapper, tout comme lui...

A cette idée, il perdit tout son calme et se mit à invectiver le lieutenant sans se soucier des conséquences.

« Où est Prune ? Vous l'avez séquestrée, elle aussi ? Je vous préviens, si vous avez touché un cheveu de sa tête, vous allez le regretter ! »

Un éclair zébra soudain le ciel plombé, aussitôt suivi par le fracas du tonnerre. Sourd aux menaces de Ludo, le lieutenant Rodrigo s'approcha de la fenêtre et renifla bruyamment avant de cracher par terre.

« *Madre de dios !* L'orage ne va pas faciliter notre fuite. Partons tout de suite, avant la pluie ! La jungle nous protégera de l'averse.

— Mais vous n'avez aucune chance de réussir ! se récria Ludo, que tant d'obstination ahurissait. Il y a des barrages partout, vous êtes bien placé pour le savoir. Et les soldats ont dû recevoir pour consigne de vous arrêter, mort ou vif ! »

Le lieutenant Rodrigo considéra le jeune homme avec un rire silencieux.

« Justement, *gringo*, c'est là que tu interviens. Ta misérable vie est bien trop précieuse, aux yeux de ces messieurs. Ils ne tenteront rien contre moi, car tu seras mon bouclier !

— Et si je refuse ? »

Le canon du pistolet décrivit un arc de cercle et vint se coller contre sa tempe.

« Si tu refuses... »

La phrase du lieutenant se perdit dans le claquement d'une détonation. Ludo ferma les yeux. La balle avait dû lui traverser le crâne, mais il n'avait rien senti. Bizarre, ce n'était pas ainsi qu'il s'imaginait la mort...

« Ludo ! »

En entendant cette voix familière, le jeune médecin rouvrit les yeux. Prune était devant lui, en chair et en os ! A moins que ce ne soit son fantôme...

La jeune fille se précipita vers lui et se pendit à son cou.

« Oh ! Ludo... haleta-t-elle. J'ai eu une de ces frousses. J'ai cru que tu étais mort !

— Moi aussi, figure-toi. »

Il lui toucha le bras, l'épaule, puis le visage, pour s'assurer qu'il ne délirait pas. Il lui tira même les cheveux pour vérifier que c'était bien son amie qui se trouvait dans ses bras.

« Aïe ! gémit-elle. Qu'est-ce qui te prend ?

— Rien, fit-il en retrouvant le sourire. Ça fait du bien d'être en vie ! »

Un peu surprise par ce comportement bizarre, Prune recula d'un pas.

« Tout le monde ne peut pas en dire autant ! »lança-t-elle en regardant par terre.

Alors, seulement, Ludovic comprit ce qui s'était passé. Le coup de feu, qu'il avait cru destiné à lui-même, avait en réalité pour cible le lieutenant. Celui-ci gisait maintenant sur le sol, inerte, la main droite crispée sur le pistolet. Sa bouche entrouverte et, surtout, ses yeux hagards, exprimaient la stupeur qu'il avait dû éprouver, au moment de l'impact.

Par devoir plus que par pitié, Ludovic s'accroupit auprès du corps et lui ferma les paupières. Une tache grenat s'élargissait progressivement sur la poitrine du mort. Rodrigo avait été touché au cœur, preuve que le tireur savait viser. Le tireur ? Mais quel tireur, au fait ?

Scrutant la pièce, il resta interdit. A part la femme et ses trois enfants, il n'y avait là que Prune et Victor. Le gamin avait beau être un as de la machette, Ludo le voyait mal manier une arme à feu... Et, d'ailleurs, le petit Indien n'avait rien dans les mains.

« Il va falloir que tu m'expliques tout ça, dit-il à Prune en se prenant la tête entre les mains. Je suis complètement dépassé par les événements. »

La femme, qui semblait avoir retrouvé l'usage de ses bras, les invita à s'asseoir autour d'une petite table en osier tressé et apporta une bouteille remplie d'un liquide transparent.

« Guaro ? offrit-elle en ôtant le bouchon — le trognon d'un épi de maïs, taillé au format du goulot.

— Pas pour moi, répondit Prune, merci.

— Une petite goutte seulement, dit Ludo. Pour me remonter. »

Il but une gorgée d'eau-de-vie et se sentit d'un coup revigoré.

« *Mas ?* proposa l'Indienne en s'apprêtant à verser une nouvelle rasade.

— *Gracias, no*, fit-il en l'arrêtant d'un geste. C'est du feu liquide, ce truc-là ! A propos de feu, Prune, qui a tiré tout à l'heure ?

— Le commandant Fernando. Mais il s'est empressé de ficher le camp. Il discute peut-être le bout de gras dehors, avec ses deux *muchachos*. Victor ! »

Le gamin, qui faisait le pitre devant ses trois nouveaux copains, bondit sur ses pieds en entendant son nom.

« Tu as appelé Victor ? fit-il en avalant prestement sa bouchée de banane.

— Oui, répliqua Ludo. Peux-tu aller chercher le commandant ? »

Le garçon plissa le nez d'un air ennuyé.

« Fernando ? Trop tard, *señor* Ludo. Il est parti avec ses deux *muchachos*.

— Parti ? s'étonna Prune. Mais où ça ?

— Il n'a rien dit, Prunella. Je l'ai simplement vu s'enfoncer dans la jungle. Il a pris la même direction que nous, l'autre jour. »

Ludo fronça les sourcils, pensif.

« Tiens, tiens... Vers le Mexique, donc. A

croire qu'il a écouté mes conseils. J'espère que toute cette mésaventure va le faire réfléchir et qu'à l'avenir il renoncera à la lutte armée.

— Facile à dire, rétorqua Prune en haussant les épaules. Je te signale quand même que, sans son flingue, tu y passais ! »

Ludovic la contempla, bouche bée. C'était bien la première fois qu'il l'entendait prendre parti pour la violence ! Elle qui criait quand on écrasait une mouche...

« Ma parole, tu as été endoctrinée, toi aussi ? s'exclama-t-il en riant. Ne me dis pas que tu as succombé au charme basané de Fernando !

— Idiot ! répondit Prune sur le même ton. Tu sais bien que je n'ai d'yeux que pour toi... Ce qui n'est pas toujours réciproque, d'ailleurs.

— Ça, ma vieille, ça mérite des explications. »

Prune se croisa les bras, prenant une mine offusquée.

« Je me comprends très bien.

— Si tu parles d'aujourd'hui, je peux me justifier. Bon, d'accord, j'aurais pu manifester davantage ma joie IMMENSE de te revoir... mais j'étais à bout de nerfs. D'ailleurs, je t'ai cherchée ensuite, pour te faire mes excuses. Tu t'étais volatilisée.

— On dit ça, on dit ça », maugréa Prune.

Puis, lassée de ce petit jeu, elle éclata de rire.

« Quand tu sauras où j'étais tout à l'heure, tu vas te mettre en rogne.

— Dis toujours...

— Eh bien, j'ai passé l'après-midi en compagnie du commandant Fernando.

— Quoi ?

— Hé oui... Figure-toi que ce guérillero à qui, je le rappelle, tu dois la vie, m'a convoquée pour que je lui tire le portrait. Tu aurais dû voir comme il plastronnait... Il a bien mis une heure à se pomponner. Un peu plus, et il réclamait une maquilleuse ! Enfin, bref. Je lui ai fait de superbes photos, voilà.

— Qu'il ne verra jamais..., ajouta Ludo. Mais comment as-tu su que j'étais prisonnier ici ? »

La jeune fille attira Victor contre elle et chiffonna sa tignasse noiraude.

« Ça, c'est grâce à Victor ! Tu lui dois une fière chandelle.

— Raconte-moi ça, Victor », dit Ludo en s'accroupissant devant le petit garçon. »

Le gamin sourit de toutes ses dents et adressa à Prune un regard entendu.

« Pas compliqué, *señor* Ludo ! J'ai vu la *señora* t'emmener hors du dispensaire. Moi j'ai dit : pas normal ! Le médecin, il doit rester avec les malades. Alors je vous ai suivis et je vous ai vus entrer dans cette *casa*. Après, j'ai vu le gros militaire... Alors j'ai couru vite vite, pour aller raconter à Prunella. »

Ludo lui prit les mains et les serra avec admiration.

« Bravo. Si tous les policiers étaient aussi finauds que toi, il n'y aurait plus un seul criminel en liberté !

— En tout cas, conclut Prune, le commandant Fernando s'est montré exemplaire. Dès qu'il a su que tu courais un danger, il a sauté sur son pistolet. »

Ludo se redressa d'un bond. Prune commençait à lui échauffer les oreilles, avec son commandant Fernando qu'elle ramenait à toutes les sauces.

« Tu parles ! s'écria-t-il en levant les yeux au ciel. On lui servait le lieutenant Rodrigo sur un plateau... il n'allait pas faire le dégoûté !

— Peut-être, admit Prune, songeuse. Mais tu diras ce que tu voudras, pour moi ce type-là est un héros ! »

10

# Épilogue

« *Hasta luego*, Graciella, fit Ludo en embrassant la jeune fille sur la joue.

— *Hasta luego*, Ludo. Tu reviendras nous voir ?

— Qui sait ? » répondit évasivement le jeune pédiatre.

A vrai dire, il ne pouvait souhaiter qu'une chose aux habitants du Polygone 14 : ne plus jamais avoir besoin de son aide ! S'il revenait, cela voudrait dire que la maladie avait encore frappé...

Prune, de son côté, faisait ses adieux à Victor. Pour la première fois, elle lui vit essuyer une larme au coin de l'œil. Elle-même dut renifler pour ravaler son émotion. En une semaine, elle s'était bigrement attachée à ce petit bonhomme.

« *Adios*, Prunella... Je suis très triste...

— Si tu veux tout savoir, moi aussi ! fit-elle en le prenant dans ses bras. Tiens, j'ai une idée ! »

Elle se pencha vers son sac-photo, à ses pieds, et sortit son appareil pour faire un portrait du petit Indien.

« Et hop ! C'est dans la boîte. Je t'enverrai la photo, de Paris. D'accord ? »

Victor rougit de fierté.

« *Si, gracias*. Mais... je veux une photo de toi aussi... et du *señor* Ludo.

— OK, tu recevras tout ça, c'est promis. »

Dans le dispensaire maintenant à moitié vide, les jeunes Français avaient rassemblé leurs affaires. Sans les stocks de médicaments, leur attirail était devenu nettement plus léger. Mais Prune restait intriguée par le volumineux paquet posé à côté du sac à dos de son ami.

Luis arriva soudain, essoufflé.

« Mes amis... ouf ! Vous n'êtes pas encore partis ! J'ai eu peur de vous manquer. La Jefe ne voulait plus me lâcher. Vous savez, vous l'avez conquise, tous les deux. Ça fait une heure qu'elle me vante vos mérites.

— Pas de panique, répliqua Ludo en souriant. On ne serait pas partis sans te saluer, quand même ! Tu nous accompagnes jusqu'à l'hélico ? »

La petite troupe se mit en marche — sans Graciella toutefois, encore trop faible pour faire plus de quelques pas autour de son lit. En chemin, Prune mitrailla à tout bout de champ, pour terminer sa pellicule. Quant à Ludo, il donna ses ultimes recommandations à Luis.

« *A priori*, l'épidémie est enrayée. Les guérisons vont aller bon train, maintenant. Mais en cas de rechute, tu sais quoi faire. Fanasil, sérum, eau bouillie... Avec la réserve de médicaments que je t'ai laissée, tu es tranquille.

— Ne t'en fais pas, le rassura Luis. Grâce à toi, je sais maintenant traiter le choléra. Et quelques autres maladies "tropicales", comme tu dis. En tout cas, merci pour tes petits cours de médecine. Typhoïde, paludisme... tout ça n'a plus de secret pour moi. »

A l'orée de la forêt, l'hélicoptère de l'armée les attendait. Le pilote, celui-là même qui avait amené Prune et le préfet, sauta à terre pour les aider à charger leurs colis. Les deux Français embrassèrent une dernière fois leurs amis puis montèrent à bord.

Les pales se mirent à tourner, décoiffant Luis et Victor, restés pourtant à distance. Puis l'appareil s'éleva à la verticale et les silhouettes des jeunes Indiens rétrécirent pour n'être plus que deux points noirs sur la terre ocre.

En survolant la jungle, Prune prit encore

quelques photos, les dernières. Qu'elle était belle, la *selva*, et qu'elle semblait paisible, avec son moutonnement laineux comme celui d'un agneau! A la contempler ainsi d'en haut, Prune avait peine à croire que, quelques heures plus tôt, elle avait bien failli y laisser la vie.

Soudain, elle se frappa le front.

« Zut! Tu sais quoi, Ludo? On a oublié de trouver un cadeau pour Inès! »

Inès, la secrétaire de l'UMI, était un peu la seconde maman de toute l'équipe. Infatigable et diligente, elle ne formulait jamais aucune exigence, sauf une : qu'on lui rapporte un souvenir de mission. Jusqu'alors, personne n'avait failli à la tradition. Les objets les plus hétéroclites s'entassaient sur l'étagère d'Inès, dans un désordre qui n'était qu'apparent. A ses moments perdus, la secrétaire les époussetait, changeait leur disposition... Bref, comme elle disait, c'était « sa façon à elle de voyager ».

« C'est vrai, fit Ludo. Ça m'est complètement sorti de la tête. Attends, j'ai une idée. »

Attrapant le paquet qui intriguait tant Prune, il l'ouvrit pour en extraire une statue de bois stylisée, peinte de couleurs éclatantes.

« Kekseksa? s'esclaffa Prune. Un dieu maya? Attends, non... un oiseau, plutôt!

— Les deux, mon capitaine! répondit Ludo. C'est un quetzal, l'oiseau sacré des Indiens maya et l'emblème national du Guatemala.

— Et je peux savoir qui te l'a offert ? Une malade reconnaissante et amoureuse ?

— Pas tout à fait. Le père de Graciella... Il était tellement heureux que j'aie sauvé sa fille ! Il a absolument tenu à me donner ce qu'il avait de plus précieux : cette œuvre d'art, qu'il a sculptée de ses propres mains. Tu crois que ça plaira à Inès ?

— Sûrement, c'est magnifique. Il est vraiment comme ça, cet oiseau ? La tête vert émeraude, le ventre comme un rubis ?

— Il paraît, oui. De nos jours, c'est une espèce en voie de disparition. Mais autrefois, il était chassé pour ses longues plumes vertes. Les dignitaires mayas en ornaient leurs manteaux. Il y a d'ailleurs une très jolie légende à son propos...

— Raconte, mon grand, j'adore les histoires ! »

Ludo prit la mine inspirée d'une Pythie sur son trépied.

« On dit que, lorsque le prince Tecun Uman, le chef de la résistance maya contre les Conquistadores, a été tué, l'oiseau s'est allongé sur son corps. Le sang de la blessure a taché son plumage, et c'est ainsi que, depuis ce jour, tous les quetzals ont le ventre rouge....

— Très poétique, dit Prune. Et son bec jaune... c'est peut-être parce qu'un jour il a volé un épi de maïs ?

— Très fin, bravo. En tout cas, c'est décidé. Inès hérite du quetzal.

— Quand même, tu m'épates. Tu es prêt à te séparer du cadeau que t'a offert le père de ta chère et inoubliable Graciella ? »

Ludo fixa son amie d'un air narquois. C'est qu'elle était jalouse, cette petite tigresse !

« Bien sûr, puisqu'elle m'en a offert un autre ! »

Prune lui décocha un regard noir.

« Je peux savoir ce que c'est ?

— Naturellement... Tiens, regarde ça ! »

De son sac à dos, il sortit une petite poupée de chiffon. Avec ses longues nattes de laine noire et ses grands yeux en amande, elle ressemblait étrangement à Graciella. Prune croisa les bras sur sa poitrine, très digne.

« Ça, c'est le pompon ! Et je suppose que cette chose ridicule va trôner sur ton lit !

— Tiens... Pourquoi pas ? Je n'y avais pas pensé, mais l'idée me paraît excellente. »

Il y eut un long silence, que Ludo finit par rompre en éclatant de rire.

« Allez, Pruneau... on oublie tout ? On ne va pas se disputer à cause d'un malheureux bout de chiffon ! »

Prune se mordit les lèvres, puis, n'y tenant plus, elle assena une bourrade affectueuse sur le bras de son voisin.

« D'accord, faisons la paix. Mais je te le dis tout net : tu es peut-être un médecin hors de pair, mais pour la galanterie et la délicatesse, tu es une catastrophe vivante ! »

Table

*Bien d'autres aventures attendent Ludo et Prune. Car les urgences auxquelles ils s'empressent de répondre se succèdent aux quatre coins de la planète. Ces histoires sont directement inspirées de missions réelles, telles qu'ont pu les vivre les volontaires de Médecins du Monde...*

# MÉDECINS DU MONDE

AIDER
SOIGNER
TEMOIGNER

•

**Qui sont les « Médecins du Monde » ?**
Avant tout, des médecins, chirurgiens, infirmiers et sages-femmes en activité, qui travaillent bénévolement auprès des populations les plus démunies.

Mais d'autres catégories professionnelles participent aussi à l'action humanitaire : journalistes, juristes, pédagogues, architectes...

Chaque année, 400 volontaires partent sur le terrain, pour quelques semaines ou plusieurs mois.

•

**En quoi consistent leurs missions ?**
Aider, soigner, témoigner : telle est la devise des Médecins du Monde. Indépendante de tout gouvernement, l'Association intervient partout où la vie humaine est menacée, par la guerre, la maladie, la misère ou les catastrophes naturelles.

Mais elle ne limite pas son action aux missions d'urgence : des équipes se relaient sur une longue durée, pour former des médecins et des infirmiers dans les pays en difficulté, pour prévenir les maladies par des vaccinations, pour reconstruire des hôpitaux...

•

**Combien de missions, depuis la création de Médecins du Monde ?**

Mer de Chine, Afghanistan, Salvador, Tchad, Guatemala, Liban, Mali, Thaïlande, Somalie, Pologne, Chili, Ethiopie, Vietnam, Bosnie bien sûr... et beaucoup d'autres !

•

**Les Médecins du Monde ne vont-ils qu'au bout du monde ?**

Non : depuis 1986, l'Association développe beaucoup d'efforts en France. 26 dispensaires gratuits ont été ouverts, où des médecins bénévoles soignent gratuitement tous ceux qui n'ont plus droit à aucune protection sociale. A ce jour, près de 300 000 consultations ont été données.

•

**Que font les Médecins du Monde pour aider les enfants défavorisés ?**

Plusieurs programmes spécifiques ont été lancés : la Chaîne de l'Espoir, pour opérer en France de jeunes malades qui ne peuvent être sauvés dans leur pays ; le parrainage, pour aider des enfants démunis à manger et poursuivre leurs études ; l'adoption et, enfin, l'assistance aux enfants des rues de Saigon...

•

**Avec quels moyens financiers fonctionne l'Association ?**

Essentiellement grâce aux dons de particuliers. Ces donateurs réguliers sont aujourd'hui 460 000.

*IMPRIMÉ EN FRANCE PAR BRODARD ET TAUPIN*
*Usine de La Flèche, 72200.*
*Dépôt légal Imp. : 1172S-5 – Edit : 3290.*
*20-07-9242-05-7 – ISBN : 2-01-209242-X.*
*Loi n° 49-956 du 16 juillet 1949 sur les publications destinées à la jeunesse.*
*Dépôt : juillet 1997.*